Kleine Reihe 32

Herausgeber
LWL-Industriemuseum
Westfälisches Landesmuseum für Industriekultur

Henrichshütte Hattingen

Von Stahl und Moral
Beiträge zur Ausstellung

Herausgegeben von
Sonja Meßling und Olaf Schmidt-Rutsch

Klartext-Verlag, Essen 2016

Impressum

Herausgeber	**LWL-Industriemuseum** Westfälisches Landesmuseum für Industriekultur **Sonja Meßling und Olaf Schmidt-Rutsch**
	Von Stahl und Moral Beiträge zur Ausstellung
Redaktion	**Sonja Meßling und Olaf Schmidt-Rutsch**
Gestaltung	Leona Ulikowski
	Bibliografische Information der Deutschen Bibliothek Die Deutsche Bibliothek verzeichnet diese Publikation in der Deutschen Nationalbibliografie; detaillierte bibliografische Daten sind im Internet über <http://dnb.ddb.de> abrufbar.
Druck und Verlag	Griebsch & Rochol, Hamm 1. Auflage Januar 2016 © Klartext Verlag, Essen 2016 ISBN 978-3-8375-1214-4
	Alle Rechte der Verbreitung, einschließlich der Bearbeitung für Film, Funk, Fernsehen, alle Speichermedien, der Übersetzung, Fotokopie und des auszugsweisen Nachdrucks und Gebrauchs im In- und Ausland sind geschützt.
	www.klartext-verlag.de
	www.lwl-industriemuseum.de

Seitenzahl	Inhalt
7	Olaf Schmidt-Rutsch **Von Stahl und Moral: Beiträge zu einer Ausstellung**
11	Dirk Zache **Stahl – auch eine Frage der Moral** Gedanken zur Ausstellungseröffnung
17	Sonja Meßling **Stahl und Moral: Ein Rückblick**
41	Manfred Rasch **Die Henrichshütte im Krieg** Ein Vergleich zwischen Erstem und Zweitem Weltkrieg
57	Martin Neiß **Die Hungerkatastrophe des Ersten Weltkriegs und ihre Auswirkungen auf das Leben in Hattingen**
77	Frank Köhler **Die Fertigung von Panzergehäusen während des Zweiten Weltkrieges in Deutschland**
93	Ralf Blank **„Battle of the Ruhr." Luftkrieg gegen eine Industrieregion** Die „Waffenschmiede" des Deutschen Reiches?
123	Dieter H. Kollmer **Der Erwerb des Schützenpanzers HS 30** Ein Beispiel für die Folgen volkswirtschaftlich motivierter Rüstungsgüterbeschaffung während des Kalten Krieges
140	Autorenverzeichnis
142	Anmerkungen zu den Abbildungen

Olaf Schmidt-Rutsch

Von Stahl und Moral: Beiträge zu einer Ausstellung

Das Jahr 2014 stand im LWL-Industriemuseum Henrichshütte Hattingen im Zeichen von Krieg und Gewalt. Während die Schau „Stahl und Moral. Die Henrichshütte im Krieg 1914–1945" bewusst den Standort in den Fokus nahm, erweiterten die Ausstellungen „Welt. Krieg. Erbe. – World. War. Heritage." und „Front 14/18" diese Perspektive. Sie verdeutlichten, dass die Geschichte der Henrichshütte, auf der viele Jahrzehnte lang Rüstungsgüter produziert wurden, nicht isoliert zu betrachten sondern immer in einem überregionalen, zeithistorischen, sozial-, wirtschafts- und technikgeschichtlichen Kontext einzuordnen ist.

Unter den zahlreichen Projekten unterschiedlichster Art, die sich 2014 dem 100. Jahrestag des Beginns des Ersten Weltkriegs widmeten, bot „Stahl und Moral" durch die Fokussierung auf den Standort eine andere Perspektive. Vor 1914 war die Henrichshütte, zu dieser Zeit seit 10 Jahren Eigentum der Kasseler Lokomotivfabrik Henschel & Sohn, zwar beispielhaft für den technischen und wirtschaftlichen Aufschwung des wilhelminischen Kaiserreichs, doch nur bedingt Bestandteil der vielbeschworenen „Rüstungsschmiede" Ruhrgebiet. Anders als bei der Fried. Krupp AG aus der „Kanonenstadt" Essen spielten Rüstungsprodukte in der Außendarstellung des Konzerns keine wesentliche Rolle. Man beschränkte sich in erster Linie auf die Produktion von Lokomotivblechen, Kurbelwellen und Radsätzen, war damit aber letztendlich ebenso kriegswichtig wie auch Bestandteil imperialistischer Eisenbahnpolitik. Der Kriegsbeginn traf die Hütte so auf einem technisch hochmodernen Niveau und trotzdem im Hinblick auf die Produktion von Rüstungsgütern im engeren Sinne weitgehend unvorbereitet. Erst ab 1915 wurden hier Granaten und Geschützrohre hergestellt, Frauen und Kriegsgefangene zur Hüttenarbeit herangezogen. Der Kriegsniederlage folgte die Demontage und bald auch wieder die Fertigung von Blechen und Maschinenteilen für Kriegsschiffe.

Schon vor Beginn des Zweiten Weltkriegs war die Henrichshütte innerhalb der Ruhrstahl AG Bestandteil nationalsozialistischer Kriegsvorbereitungen. In Hattingen wurde Elektrostahl erzeugt und in neuen Bearbeitungswerkstätten für den Panzerbau verwendet. Neben Hochofen 3 entstanden schon vor September 1939 erste Luftschutzräume. Die Henrichshütte vertrieb „Luftschutzlamellen" für den Bunkerbau international, hinzu kamen Panzerbleche und -kuppeln, schließlich Wannen für den Panzerkampfwagen V „Panther". Im Krieg gehörte der menschenverachtende und verbrecherische Einsatz von Zwangsarbeitern zum Alltag auf dem Hüttenwerk – bald aber auch die zunehmenden Luftangriffe. Nach den Zerstörungen des Bombenkriegs bedrohte nach Kriegsende erneut die Demontage der wichtigsten Betriebseinrichtungen die Existenz des Hüttenwerks.

Es kam anders: Mit Beginn des „Kalten Krieges" erfolgte eine politische Neuorientierung der Westalliierten auch im Hinblick auf die westdeutsche Stahlindustrie. Im Rahmen der Wiederbewaffnung und der Aufstellung der Bundeswehr zeigten die Vorgänge um den Schützenpanzer HS 30, dass das Hattinger Know-how bei der Erzeugung von hochwertigem Panzerstahl und beim Bau von Panzerfahrzeugen aktiviert werden konnte. Die Ruhrstahl AG erlangte gemeinsam mit anderen Hüttenwerken und Herstellern die Lizenz des Projekts und stieg damit wieder in den Rüstungssektor ein. Mit der Stilllegung des Hochofenbetriebs 1987 verlor der Betrieb die Vorteile eines integrierten Hüttenwerks, in dem alle Produktionsschritte von der Roheisenschmelze über die Stahlerzeugung bis zur Fertigung vereint wurden. Bis dahin produzierte die Hütte in Hattingen Rüstungsgüter.

Die Sonderausstellung „Stahl und Moral" war ein erster Schritt, sich der Geschichte der Rüstungsproduktion auf der Henrichshütte zu nähern. Entsprechend hatte sie in vielen Bereichen einen vorläufigen Charakter. Sie präsentierte Bekanntes und weniger Bekanntes, vielleicht, in diesem Bereich nicht verwunderlich, auch Verdrängtes und Verschwiegenes. Sie regte zum Nachdenken und zur Diskussion an – nicht nur bei den Museumsgästen, sondern auch bei den „Machern". Bei vielen unserer Fragen suchten wir Unterstützung und trafen auf Interesse in den unterschiedlichen Institutionen. Ergebnis dieses Austausches waren nicht nur Exponate, die wir in der Ausstellung zeigen konnten, sondern vielfältige Kontakte, die sich schließlich in einer ausstellungsbegleitenden Vortragsreihe materialisierten.

Die in der vorliegenden Publikation veröffentlichten Aufsätze leisten einen Beitrag zur künftigen Diskussion um „Stahl und Moral" im LWL-Industriemuseum Henrichshütte Hattingen. Während Dirk Zache in seiner Eröffnungsrede die gesellschaftlichen Grundfragestellungen der Ausstellungsthematik aufwirft und diskutiert, beschreibt Sonja Meßling Konzept, Inhalte und Ergebnisse der Schau. Dem Ausstellungskonzept entsprechend beschäftigen sich die Beiträge von Manfred Rasch und Martin Neiß mit Hattinger Themen, nämlich der Rüstungsgeschichte der Henrichshütte und den Hungererfahrungen der Hattinger Bevölkerung während des Ersten Weltkriegs. Die drei folgenden Aufsätze erweitern diese Perspektive. Ursache und Wirkung spiegeln sich im

Beitrag Frank Köhlers, der die technische Seite der Panzerfertigung vor und während des Zweiten Weltkriegs darstellt, sowie im Aufsatz von Ralf Blank über den Luftkrieg gegen die im Ruhrgebiet konzentrierte Rüstungsindustrie. Schließlich schildert Dieter H. Kollmer die Vorgänge um die Beschaffung des Schützenpanzers HS 30, der für die Henrichshütte nach dem Zweiten Weltkrieg den Wiedereinstieg in den Rüstungssektor markierte. So schließt sich hier, ebenso wie in der Ausstellung „Stahl und Moral", der erzählerische Bogen.

Der durch die Ausstellung angestoßene und in den vorliegenden Beiträgen dokumentierte interdisziplinäre Austausch erweitert die bereits 2003 mit der Ausstellung „Zwangsarbeit in Hattingen" begonnene kritische Auseinandersetzung mit der Geschichte der Henrichshütte als Ort der Rüstungsproduktion. Der Perspektivwechsel förderte im Verlauf des Projekts zahlreiche „missing links" zu Tage. So gerät ein Hüttenwerk als Lieferant von „Vormaterial" kaum in den Fokus wehrgeschichtlicher Forschung: Die Biographie eines Schlachtschiffs beginnt auf der Werft und bei der Dokumentation eines Panzers taucht als Hersteller das Montagewerk auf, nicht der Stahllieferant. Dabei werden relevante Faktoren wie „Beschussfestigkeit" letztlich über die Legierung im Stahlwerk eingestellt. Über diese Fest- und Fragestellungen entstanden im Kontext von „Stahl und Moral" neue Netzwerke, die ebenso wie die ersten mittlerweile geführten Interviews zur Rüstungsproduktion der Zeit nach 1945 geeignet sind, die wissenschaftliche Nachhaltigkeit des Projekts zu belegen und zukünftige Perspektiven für die museale Aufarbeitung dieser Thematik aufzuzeigen. Ein erster Schritt in diese Richtung war der Erwerb eines Schützenpanzers HS 30 für die künftige Dauerausstellung.

Stahl schützt – Stahl zerstört.
(Walter Fischer/LWL-Industriemuseum)

Dirk Zache

Stahl – auch eine Frage der Moral
Gedanken zur Ausstellungseröffnung[1]

Was Stahl ist, das wissen die meisten. Im Zusammenhang mit der Henrichshütte Hattingen nun über Stahl zu reden, ist weder neu, noch sehr überraschend. Wenn ich es hier dennoch tue, liegt es vor allem daran, dem Kontext der Ausstellung „Stahl und Moral" ein wenig näher zu kommen.

Für alle Nicht-Hüttenwerker sei es grob gesagt: Stahl ist „veredeltes" Eisen, bei dem der Gehalt an Kohlenstoff und anderen Elementen im Roheisen durch Oxidation gesenkt wurde. Man erhält ein formbares und dennoch extrem hartes Material, das bis heute aus Architektur, Maschinen- und Fahrzeugbau nicht wegzudenken ist.

Der Impuls für die sprunghafte Zunahme der Stahlproduktion erfolgte etwa ab der Mitte des 19. Jahrhunderts durch die gleichzeitige Anwendung mehrerer technischer Neuerungen: Die Dampfmaschine stellte der Eisenindustrie eine leistungsstarke und flexible Arbeitskraft zur Verfügung, der Steinkohlebergbau erzeugte den für die Stahlerzeugung notwendigen Koks und die Entwicklung des Eisenbahnwesens sowie der Dampfschifffahrt schuf neue, große Absatzmärkte für Stahl. Gleichzeitig waren Schiff und Eisenbahn die Verkehrsmittel für den Transport der benötigten Rohstoffe sowie der fertigen Produkte.

Alles in allem reden wir um 1900 von der „Zweiten Industriellen Revolution", vom Stahlzeitalter, das diesem Werkstoff dann auch entsprechend huldigte, etwa mit dem Pariser Eifelturm zur Weltausstellung 1889 oder, ein gutes Jahrzehnt später, auch mit der zu unserem Industriemuseum gehörenden Maschinenhalle auf der Zeche Zollern in Dortmund. Soweit zunächst zur eher technischen Einordnung.

Aber schon mit den beiden gerade genannten Beispielen neuer, repräsentativer Architekturen deutet sich eine erste inhaltliche Komponente an: Stahl war nicht nur Teil des technischen Fortschritts, sondern Stahl stand für technischen Fortschritt. Und damit hatte die Stahlindustrie in allen Ländern, unabhängig von den ökonomischen Erwägungen des einzelnen Unternehmens, immer auch eine enorme politische Bedeutung. So galt sie einerseits als Indikator für die technisch-wirtschaftliche Entwicklung eines Landes und war

---

1   Rede zur Ausstellungseröffnung im LWL-Industriemuseum Henrichshütte Hattingen am 9.5.2014.

damit selbst ein Prestigeobjekt, andererseits war sie in ihrer Bedeutung für die Rüstungsindustrie immer auch eine nationale Machtfrage.

Und damit nähern wir uns dem Thema Moral. Ist es eigentlich unmoralisch, Waffen zu produzieren?

Im Duden findet man folgende Definition: Moral ist die „Gesamtheit von ethisch-sittlichen Normen, Grundsätzen und Werten, die das zwischenmenschliche Verhalten einer Gesellschaft regulieren, die von ihr als verbindlich akzeptiert werden."[2]

Und Immanuel Kant, der große deutsche Moralphilosoph, bringt in seinem kategorischen Imperativ das mit der Moral auf eine Grundformel, mit der er das grundlegende Prinzip der Ethik beschreibt: „Handle nur nach derjenigen Maxime, durch die du zugleich wollen kannst, dass sie ein allgemeines Gesetz werde."[3] An dieser Stelle könnte man es beliebig kompliziert machen. Klar wird, dass moralisches Handeln auf einem gesamtgesellschaftlichen Kodex basiert, der sich wesentlich aus dem Gedanken des Gegenseitigen entwickelt. Entsprechende Regeln für das zwischenmenschliche Verhalten finden sich auch in der Bibel. Den Sinn übersetzt der Volksmund dann eher simpel, „Was du nicht willst, dass man dir tu', das füg' auch keinem anderen zu." Insofern ist die Produktion von Waffen sicher nicht weit entfernt von dem, was zumindest der Großteil der Gesellschaft schon mal nicht will.

Kann man daraus ableiten, dass es eine Unterscheidung geben kann von „gutem" und „schlechtem Stahl" im moralischen Sinn?

Da sind wir bei einer zentralen und ebenfalls nicht ganz neuen Frage, der Frage nach dem Verhältnis von Ethik und Technik. Wenn Sie den Raketenkonstrukteur Wernher von Braun danach gefragt hätten, wäre die Antwort sicherlich eindeutig ausgefallen: „Die Wissenschaft hat keine moralische Dimension. Sie ist wie ein Messer. Wenn man es einem Chirurgen und einem Mörder gibt, gebraucht es jeder auf seine Weise."

Eine zunächst scheinbar einleuchtende Argumentation, die uns auf die Ambivalenz des Themas verweist. Wenn man allerdings gewahr wird, dass er mit dieser und ähnlichen Aussagen seine eigene Mitverantwortung für die mindestens 20.000 Todesopfer, die schon die Produktion der ersten Rakete gefordert hatte, bestreitet, der „Vergeltungswaffe V2", die von Braun selbst als bloße „technische Entwicklung" sah und entsprechend „neutral" als „Gerät

---

2 Duden Universalwörterbuch. Berlin [8]2015. Online abgerufen am 17.11.2015.

3 Immanuel Kant: Grundlegung zur Metaphysik der Sitten. AA IV, S. 421.

A4" titulierte, dann geht es bei solchen Aussagen um den Versuch, die Waffen-Entwicklung und Waffen-Produktion herauszulösen aus einem Gesamtsystem, sie von politischen Zusammenhängen zu befreien.

Übrigens ein Muster, das sich nicht nur bei vielen Technikern im Nationalsozialismus wiederfindet, auch Künstler bedienen sich ähnlicher Aussagen. Zarah Leander, die 1943 das Lied „Du weißt, es wird einmal ein Wunder geschehen" zur Nazi-Propaganda der neuen Wunderwaffen trällerte, schreibt 1972 in ihren Memoiren, „Wo steht denn geschrieben, dass ausgerechnet Künstler etwas von Politik verstehen müssen?"

Dieses Entkoppelungsmuster macht zweierlei deutlich: Erstens, wir reden von äußerst komplexen Sachverhalten, bei denen man in der Betrachtung eines Teilaspektes nicht sehr weit kommt. Und zweitens, wir reden immer auch von handelnden Menschen, die in einem Gesamtsystem agieren und dabei von ihren persönlichen Wünschen und Ambitionen angetrieben sind.

Im Fall der Henrichshütte Hattingen müsste man daher eigentlich die Frage stellen, wie kam es dazu, dass das Unternehmen zum Rüstungsbetrieb mutierte?

Wir können heute noch nicht sagen, was die führenden Köpfe der Henrichshütte zu dieser Entscheidung bewogen hat; insofern ist diese Ausstellung ein Anfang in diese Richtung zu forschen. Sicher ist aber, dass der heute noch erhaltene Hochofen im Jahr 1940 in Betrieb ging und ein weiterer Hochofen bereits in Planung war – und, dass dieser Ausbau der Hütte einzig und allein auf die Rüstungsproduktion zurückgeht.

Auch ein Hüttenwerk befindet sich immer in verschiedenen Abhängigkeiten. Der Bedarf des Marktes, technische Weiterentwicklungen, Rohstoffe und Produktionskosten bestimmen wesentlich über den Erfolg des Industrieunternehmens. Aber eben auch übergeordnete Ziele der Politik nehmen großen Einfluss auf das Schicksal eines Industriestandorts – das gilt in Zeiten der Kriegsproduktion, genauso aber heute mit Umweltschutz und Energiegesetzgebung, oder eben auch mit der Rüstungspolitik eines Landes.

Mit den „Politischen Richtlinien zum Rüstungsexport", erlassen von der Rot-Grünen Regierung im Jahr 2000 und weiterhin gültig, verpflichtet sich die Bundesregierung auf eine „restriktive Rüstungsexportpolitik". An entscheidenden Stellen finden wir hier durchaus „weiche" Formulierungen, aber im Kern könnte man zusammenfassen: Keine Waffenlieferungen an Staaten, in denen systematisch Menschenrechte verletzt werden, und keine Waffenexporte in Spannungsgebiete.

Doch Theorie und Praxis könnten kaum weiter auseinanderklaffen: Deutschland ist derzeit der weltweit viertgrößte Exporteur von Waffen und größter Lieferant von Kleinwaffen. Siebzig Prozent der Rüstungsgüter gehen ins Ausland. Man mag Länder wie Saudi-Arabien, Indonesien oder Katar für regionale Stabilitätsanker halten. Und manche haben es lange auch für eine gute Idee gehalten, das Ägypten Mubaraks und das Libyen Gaddafis zu unterstützen. Ein Hort der Menschenrechte war und ist keines dieser Länder. Zurückhaltung sieht meines Erachtens anders aus.

Wo bleibt die „Moral bei der Geschicht"?

Denn, und das erschwert das Nachdenken über Moral, der Moralkodex einer Gesellschaft ändert sich im Laufe der Geschichte. Das sieht man auch am Beispiel der deutschen Rüstungsexporte: Vermutlich wären unter Helmut Schmidt solche Geschäfte nicht passiert. Auch zu seiner Zeit, Anfang der 1980er Jahre, bemühte sich Saudi-Arabien intensiv um deutsche Panzer. Doch der Altkanzler, der pazifistischer oder auch rüstungsindustriefeindlicher Neigungen völlig unverdächtig war, widerstand der milliardenschweren Versuchung. Vermutlich, weil er Prinzipien hatte und diese ernst nahm: keine Waffen an andere Mächte, Rüstungslieferungen nur an Verbündete.

Allerdings muss man feststellen, dass die 1980er Jahre gleichzeitig auch die Hoch-Zeiten der Friedensbewegung in Deutschland waren und damit das Rüstungsthema ganz anders im Fokus der Öffentlichkeit stand und zweifellos ein wichtiger Teil der gesellschaftlichen Moraldebatte war. Dieser Rahmen hat sich inzwischen stark gewandelt, selbst die friedensbewegten Ostermarschierer erscheinen heute eher als exotische Wandervögel.

Nicht erst mit der Lieferung von 270 Leopard-Panzern an Saudi-Arabien im Jahr 2011 hat die Regierung unter Angela Merkel mit dieser Nachkriegstradition der Selbstbeschränkung gebrochen. Aber mit dieser Waffenlieferung regte sich erstmals nach langen Jahren wieder Protest im Parlament und in der Öffentlichkeit.

Hinzu kommt, dass es einigermaßen misslich ist, dass ausgerechnet in diesem sensiblen Bereich ein quasi „Geheimgremium" der Exekutive, wie der Bundessicherheitsrat, Rüstungsgeschäfte absegnet, ohne die genehmigten Exportanträge öffentlich zu machen. Das Parlament wird bisher lediglich durch einen jährlichen Bericht informiert – wohlgemerkt: im Nachgang und damit ohne Mitsprache. Die jetzige Regierungskoalition gelobt an diesem Punkt Besserung und will zumindest für mehr Transparenz sorgen. Jedoch allein schon diese Ankündigung ließ am anderen Ende der Parabel die Rüstungsindustrie laut aufheulen, die unmittelbar mit Arbeitsplatzabbau droht.

Kurz nachdem im April 2015 nun G3-Sturmgewehre der Firma Heckler & Koch im Bürgerkrieg im Jemen auftauchten, präsentierte – wohlgemerkt – der Wirtschaftsminister Gabriel die „Verschärfung" für derartige Waffenexporte. In der Presseerklärung des BMWI heißt es da am 22.Mai: „Zu den wesentlichen Neuerungen in den Kleinwaffengrundsätzen gehört das Erfordernis… in der Endverbleibserklärung die ausdrückliche Zusage zu machen, die Waffen weder an andere Länder noch innerhalb des Empfängerlandes an andere als die genehmigten Empfänger ohne Zustimmung der Bundesregierung weiterzugeben."

Es bleibt schwer, sich vorzustellen, wie eine solche „Endverbleibsklausel" kontrolliert oder bei Verstoß geahndet werden soll.

„Saudi-Arabien, Katar und die Vereinigten Arabischen Emirate kaufen bei Airbus Tankflugzeuge für ihr Militär", „U-Boot-Export an Israel", „Ukraine-Krise belebt das Rüstungsgeschäft" und ähnliche Schlagzeilen finden sich in den letzten Monaten vermehrt. Gerade Saudi-Arabien bleibt einer der wichtigsten Kunden für die deutsche Rüstungsindustrie mit Lieferungen im Umfang von 332 Millionen Euro allein zwischen Oktober 2014 und Januar 2015. Soviel Transparenz ist immerhin vorhanden. Doch reicht diese bei einem Empfängerland für deutsche Waffen aus, in dem man zu tausend Peitschenhieben und zehn Jahren Haft wegen Beleidigung des Islam verurteilt werden kann, wie dies 2014 dem Blogger Raif Badawi widerfahren ist?

Man darf gespannt sein, wie die Geschichte ausgeht. Zu befürchten ist, dass Bertolt Brecht wieder einmal recht haben könnte, wenn er sagt: „Erst kommt das Fressen, dann die Moral."[4]

Für die Hattinger Henrichshütte war die Rüstungsproduktion in Kriegs- wie in Friedenszeiten ein gewichtiger Teil des Unternehmens. Und keinem der Beteiligten wird dabei entgangen sein, dass es in den Fertigungshallen nicht um „normale" Fahrzeuge ging, sondern um Panzer und um Munition. Den moralischen Tiefpunkt erreichte die Hütte dabei zweifellos mit der Beschäftigung von Zwangsarbeitern und KZ-Häftlingen. Den Niedergang des Unternehmens konnte aber letztlich auch die Rüstungssparte nicht verhindern.

Wenn Sie jetzt fragen, was hat das alles mit mir zu tun, dann gibt uns Immanuel Kant einen entscheidenden Hinweis mit auf den Weg, wenn er in seiner „Kritik der Praktischen Vernunft" vom „moralischen Gesetz in mir" spricht. Denn neben allen äußeren Umständen und vermeintlichen Zwängen, existieren immer auch die Grundsätze und Maßstäbe, die man sich selbst vorgibt und nach denen man handelt – sei es das Völkerrecht oder die Menschenrechte oder sei es auch eine sehr persönliche christliche Ethik. Die Handlungsspielräume muss dabei jeder selbst ausloten. Die Verantwortung für das eigene Tun ist nicht übertragbar – die Verantwortung bleibt bei uns selbst.

---

4   Bertolt Brecht: Die Dreigroschenoper. Stuttgart 1986, S. 63.

Hochofen 3 ist heute Teil des LWL-Industriemuseums.
(Annette Hudemann/LWL-Industriemuseum)

Sonja Meßling

Stahl und Moral: Ein Rückblick

100 Jahre nach Beginn des Ersten Weltkriegs und 75 Jahre nach Kriegsausbruch des Zweiten Weltkriegs lag im LWL-Industriemuseum Henrichshütte Hattingen die Auseinandersetzung mit dem Thema Rüstungsindustrie nahe, lieferte das Hüttenwerk doch in beiden Kriegen Panzerbleche und Granaten, Geschütze und Panzergehäuse. Die möglichen Fragestellungen schienen auf den ersten Blick ebenso zahlreich wie die authentischen Orte auf dem Museumsgelände, die viele Anknüpfungspunkte boten. Der Hochofen 3, heute Mittelpunkt des Museums, wurde 1940 angeblasen und steht somit in direktem Kontext zur Rüstungsproduktion des Zweiten Weltkriegs. Aus diesen Jahren stammen auch zahlreiche Luftschutzräume, die vom Kriegsalltag auf dem Werksgelände zeugen. Weitgehend unbekannt ist, dass das ehemalige Bessemer-Stahlwerk im Ersten Weltkrieg als Geschossfabrik genutzt wurde und so eine der wenigen erhalten gebliebenen Produktionsstätten der Jahre 1914 bis 1918 ist. Diese drei authentischen Orte definierten entsprechend Zeitspanne und Thematik der Ausstellung „Stahl und Moral. Die Henrichshütte im Krieg 1914–1945".[1]

In Anbetracht der zahlreichen Ausstellungen und Veranstaltungen zum Ersten Weltkrieg barg die Entscheidung, sich mit der Hattinger Ausstellung auf die Henrichshütte und ihr lokales Umfeld zu konzentrieren, erhebliche Vorteile, da die Thematik von Krieg und Rüstung auf einen Betrieb fokussiert durchaus exemplarischen Charakter entwickeln konnte. Der besondere Reiz, das Thema in den Produktionsstätten und Luftschutzräumen auf der Hütte aufzubereiten, war auch eine Herausforderung: Für die Ausstellung mussten Räume erschlossen und zum Teil unter der Perspektive der Rüstungsgeschichte „neu gedacht" sowie eine alternative Besucherführung zum etablierten „Weg des Eisens" über große Teile des Geländes geplant werden.

Drei Orte – eine Ausstellung

„'Stahl und Moral' ist keine fertige Ausstellung, sondern ein Notizzettel, auf dem auch Sie ihre Familiengeschichten und Erinnerungen festhalten können. Erwarten Sie keine Antworten, nicht einmal die Fragen. Auch die müssen Sie selber stellen. Etwa, wie und wo wir Krieg begegnen …" Der einleitende Text

---

1 Sonja Meßling (Hg.): Stahl und Moral. Die Henrichshütte im Krieg 1914–1945, Essen 2014.

zur Ausstellung fasste die Zielsetzung gut zusammen. Der Besucher wurde zum Nachdenken und zur eigenen Reflektion ermutigt. Aus diesem Grund wurde auf der Exponatebene mit Gegensatzpaaren gearbeitet, von denen einige beispielhaft im Kontext der einzelnen Abteilungen vorgestellt werden. Ergänzt wurde die gesamte Schau mit einer Zitatebene, die über der Ausstellung schwebte und Ausblicke und Verweise ermöglichte.

Die Schau verfolgte einen partizipativen Ansatz und förderte aktives Mitwirken. So wurden nicht nur Gewährspersonen der Erlebnisgeneration des Zweiten Weltkriegs, und hier vor allem des Luftkriegs, befragt und ihre Erinnerungen in die Ausstellung eingebunden, sondern gezielt auch junge Menschen angesprochen.

Die Schau gliederte sich in drei Abteilungen: „Gewalt in Hattingen" im Foyer, „Krieg und Hütte" in der Geschossfabrik und „Tief und Hoch" in den Möllerbunkern und auf dem Gelände.

Gewalt in Hattingen

Das Museumsfoyer als neu entstandener musealer Funktionsraum ist der einzige Ausstellungsbereich ohne eigene Geschichte im Bezug auf die beiden Weltkriege, wurde einführend die Frage nach dem Auftreten von Gewalt in unterschiedlichen Erscheinungsformen gestellt und auf den Raum Hattingen fokussiert. 2.000 Jahre tabellarisch aufgeführte Stadtgeschichte verdeutlichten, dass sie zu jeder Zeit eine Rolle spielte. Die Exponate, viele aus Stadtarchiv und Stadtmuseum, spannten einen inhaltlichen Bogen vom Steinzeitbeil über eine in der Hattinger Gewehrfabrik produzierte Muskete bis zum Tagebuch von Anatolij Pilipenko. Pilipenko studierte Journalismus als er 1943 zur Zwangsarbeit ins Ruhrgebiet verschleppt wurde. 1944 kam er von Bochum aus in das „K.Z. Hattingen" auf der Henrichshütte, wo er bis zur Befreiung im April 1945 arbeiten musste. Nach Kriegsende wurde er auch in seiner Heimat als Kollaborateur zur Arbeit gezwungen.[2]

Daneben wurden auch private Leihgaben ausgestellt, so ein Granatsplitter, der in einen Orden eingearbeitet wurde. Otto Friedrich wurde im Ersten Weltkrieg von einer Granate getroffen. Er überlebte mit einem Splitter im Kopf, den er nach der operativen Entfernung zu einem Orden verarbeitete. Gemeinsam mit dem Eisernen Kreuz und dieser Geschichte wird das Stück noch heute in der Familie Friedrich aufbewahrt und ist so ein Beispiel für die in den Familien tradierten individuellen und subjektiven Narrative zu Kriegs- und Gewalterfahrungen. Lars Friedrich lieh dem Museum auch einen auf den ersten Blick unscheinbaren Löffel. Er gehörte Kurt Friedrich, der auf der Henrichshütte

---

2   Valerian Lopatto/Anatolij Pilipenko: „Eine Spur von mir." Rückblick auf die Jahre der Zwangsarbeit, Bochum 2007.

arbeitete, bevor er als Soldat eingezogen wurde und 1944 in amerikanische Kriegsgefangenschaft kam. Dort erhielt er von einem US-Soldaten den ausgestellten Löffel als Geschenk. Die Herkunft des Löffels aus einer amerikanischen Ausrüstung ist dank der Prägung „US" belegt.

Dieser Löffel wurde in den Werbemedien der Ausstellung in einer Reihe mit Granaten abgebildet. Die Granaten waren eine Leihgabe des Stadtmuseums und wurden im Ersten Weltkrieg auf der Henrichshütte produziert, der Stadt geschenkt und zwischen den Kriegen von den französischen Besetzern beschlagnahmt. Löffel und Granate verdeutlichten die Ambivalenz zwischen „gutem" und „bösem" Stahl und führten so zur Kernfrage der Ausstellung.

Bereits vor Ausstellungseröffnung gaben Privatleute immer neue Exponate an das Museum. Dabei handelte es sich oftmals um Erbstücke, welche die Familiengeschichte in den Weltkriegen rund um die Hütte erzählen. In der Ausstellung fanden sie in der stetig wachsenden Abteilung „Zeughaus" Platz. Ein Beispiel für ein solches Narrativ sind die Leihgaben und Erinnerungen der Familie Berger. Josef Franzen arbeitete vor dem Ersten Weltkrieg als Straßenbahnfahrer bei der Bergischen Kleinbahn und brachte die Arbeiter zur Henrichshütte, seine Frau betrieb einen Krämerladen. Im Alter von 42 Jahren wurde er einberufen und im Winter 1915/16 in Nordfrankreich stationiert, wo er den Bielefelder Künstler Ernst Sagewka kennen lernte. Wohl auch aus Dankbarkeit für einen getauschten Heimaturlaub, schenkte der Künstler Franzen fünf Skizzen, die er während des Einsatzes in Nordfrankreich angefertigt hatte. Die Skizzen werden bis heute in der Familie aufbewahrt.

Die zentrale Inszenierung der Abteilung bestand aus zwei Exponaten, die abermals die Komplexität des Ausstellungsthemas visualisierten: Ein Geschoss des Schlachtschiffs „Tirpitz" und eine Weihnachtspyramide. Beide Ausstellungsstücke standen für Produkte der Henrichshütte. So kam der Stahl für den Bau des Kriegsschiffs „Tirpitz" von der Hütte, die Weihnachtspyramide wurde in etwa 4.000 Arbeitsstunden von der Werkgruppe Holz des Paul-Gerhardt-Hauses in Welper, der ehemaligen Werkssiedlung der Henrichshütte, gebaut.

Der thematisch wie auch architektonisch geschlossene Charakter der ersten Abteilung im Foyer barg die Schwierigkeit, die Besucher zu den beiden anderen Abteilungen auf dem Museumsgelände zu führen. Hier dienten neben Lageplänen große Leuchtwürfel als Orientierungshilfe. Sie waren durch das Titelmotiv der Ausstellung eindeutig zu erkennen und stellten Blickachsen zwischen den einzelnen Abteilungen her.

Krieg und Hütte

Die Ausstellung zur Geschichte der Henrichshütte als Rüstungsbetrieb nutzte mit der ehemaligen Geschossfabrik ein Gebäude, das bislang in dieser Bedeutung nur am Rande wahrgenommen wurde. Ursprünglich war die Halle von 1871 ein Bessemer-Stahlwerk.

Die Ausstellungseinheit begann mit der Richtplatte einer Kleinschmiede und endete mit dem „Hornbach-Hammer". Die beiden Exponate aus Panzerstahl standen für die Dauerhaftigkeit und Faszination des Materials, das in beiden Fällen in eine zivile Nutzung überführt worden war. Gerade für die Henrichshütte, die vor allem Vorprodukte fertigte, ist diese Reflektion des Materials naheliegend. Die Zwiespältigkeit im Verhältnis zu Produktion und Produkt spiegelte sich in einem Zitat Bertolt Brechts: „Was macht ihr, Brüder?" – „Einen Eisenwagen." „Und was aus diesen Platten dicht daneben?" „Geschosse, die durch Eisenwände schlagen." „Und warum all das, Brüder?" – „Um zu leben."[3]

Ein Panorama der Henrichshütte von 1910 zeigte das gesamte Gelände unmittelbar vor dem Ersten Weltkrieg. Nach dem Verkauf an die Firma Henschel erlebte die Henrichshütte in jenen Jahren einen Aufschwung, der sie auch als Produktionsort von Rüstungsgütern interessant machte. Zunächst wurden nach Kriegsbeginn wie auch zuvor weiter Radsätze und Eisenbahnmaterial produziert, die durchaus als kriegswichtig erachtet wurden. Erst im Verlauf des Krieges wurden Granaten und andere Rüstungsgüter hergestellt, zunächst indem man bereits bestehende Gebäude wie das alte Bessemerwerk umnutzte. Ab 1916 wurden hier Geschosse produziert. Den notwendigen Stahl produzierte das Werk im Bessemerverfahren, das sich 45 Jahre früher in Hattingen nicht durchsetzen konnte und nun wieder eingeführt wurde.[4] Entsprechend verwies in der Ausstellung eine Bessemerbirne aus dem Jahr 1916 auf diese Zusammenhänge, ergänzt durch Pläne und großformatige Fotos. Besonders eindrucksvoll ist die Aufnahme der Hüttenfrauen, die sich mit zu Vasen umfunktionierten Granaten im Ruhrtal ablichten ließen. Diese Darstellung wurde in direkten Bezug zu einer in Hattingen gefertigten Granate gesetzt. In der Geschosshülse steckte roter Mohn – nicht nur in Anlehnung an das Foto, sondern auch als Verweis auf die in Großbritannien lebendige Erinnerungskultur, in der der rote Mohn Flanderns für die Toten des „Great War" steht.

Die wenigen, zufällig erhaltenen Granaten aus Hattinger Produktion gaben der Nutzung als Geschossfabrik eine weitere Gewichtung, wobei die Exponate in der großen Halle wenig Masse darstellten und damit die Menge von knapp 900.000 in Hattingen hergestellten Granaten einerseits theoretisches Konstrukt blieben. Andererseits aber verwiesen die Exponate in Kombination

---

3 Bertold Brecht: Die Kriegsfibel, Berlin 1955, S. 2.

4 Manfred Rasch: Granaten, Geschütze und Gefangene. Zur Rüstungsfertigung der Henrichshütte in Hattingen während des Ersten und Zweiten Weltkriegs, Essen 2003, S. 10–12.

mit großformatigen Fotografien darauf, dass hier Verbrauchsmaterial für die Materialschlachten in den Schützengräben gefertigt wurde.

Nach Kriegsende mussten auf der Henrichshütte Spezialmaschinen für die Rüstungsproduktion demontiert und das Werk auf zivile Produkte umgestellt werden. Die Hütte fertigte nun wieder für den Lokomotivbau und konnte so größere Einbrüche verhindern. Bald jedoch stieg die Henrichshütte wieder in das Rüstungsgeschäft ein. Die Lieferung von Schraubenwellen und Maschinenteilen für die Reichsmarine der Weimarer Republik bereitete das Feld für die unter den Nationalsozialisten in den 1930er Jahren betriebene Wiederaufrüstung vor dem Zweiten Weltkrieg. Die Stahllieferungen für das bereits in der ersten Abteilung vorgestellte Schlachtschiff „Tirpitz" sind ein Beispiel. Ein Stück Panzerplatte, das zu Versuchszwecken aus dem Wrack geborgen wurde, führte die Eigenschaft des Stahls als schützendes und zerstörendes Produkt vor Augen. Bei Beschussversuchen schlug ein Geschoss durch, eines blieb stecken.

Ursache und Wirkung waren das Thema einer weiteren Inszenierung. Die „Tirpitz" wurde 1944 durch einen Luftangriff des 617. Geschwaders der britischen Luftwaffe zum Kentern gebracht, dem gleichen Geschwader, das 1943 mit Hilfe einer speziellen Rollbombe die Möhnetalsperre zerstörte. Die Überschwemmungen im Ruhrtal forderten zahlreiche Tote und erreichten auch das Gelände der Henrichshütte. Die Staffel der Royal Air Force gab sich daraufhin heroisch den Namen „Dambusters" (Dammbrecher). Im Ruhrtal wird dagegen an die Überflutung als Katastrophe erinnert – ohne hiermit unbedingt die Bedeutung der an der Ruhr liegenden Rüstungsbetriebe für den Fortgang des Krieges in Betracht zu ziehen.[5] Der unterschiedliche Umgang mit dem Ereignis aus Sieger- und Verliererperspektive bildete wiederum ein zu Diskussionen anregendes Gegensatzpaar. Offensichtlicher und eindeutiger wurde die Frage nach Tätern und Opfern der nationalsozialistischen Rüstungspolitik und des Krieges am Beispiel der auf der Hütte eingesetzten Zwangsarbeiter gestellt. Während des Zweiten Weltkriegs wurde die Henrichshütte wie viele andere Industriebetriebe zum Ort von menschenverachtenden Verbrechen und tausendfachem Leid.[6]

Im letzten Raum der Abteilung „Krieg und Hütte" waren der Zweite Weltkrieg und die Wiederbewaffnung Thema. Zwei Panzer dominierten den Raum und übten auf den Besucher eine besondere Faszination aus. Die stark beschädigte Wanne eines Panzerkampfwagens V „Panther" stand beispielhaft für die 1.449 auf der Hütte produzierten Wannen – auch wenn nicht nach-

---

5 Ralf Blank: Die ‚Möhne-Katastrophe' im Mai 1943 als Teil des europäischen Kriegsgedenkens, in: Der Märker 61 (2012), S. 97–121.

6 Anja Kuhn/Thomas Weiss: Zwangsarbeit in Hattingen, Essen 2003.

gewiesen werden konnte, ob der Stahl für diesen „Panther" aus Hattingen stammte. Das Exponat ähnelte auf seiner weniger zerstörten Seite dem in Hattingen in der Vorfertigung erreichten Produktionszustand und stand mit seiner zerstörten Seite im Kontext mit Großaufnahmen, die die Kriegseinwirkungen auf dem Werksgelände zeigten. Produkt und Zerstörung standen sich entsprechend räumlich gegenüber.

Nach Kriegsende stand die Henrichshütte zunächst auf der Demontageliste und war entsprechend in ihrer Existenz gefährdet. Doch die Rüstungsgeschichte endete keineswegs im Jahr 1945. Als Beispiel für ein späteres Rüstungsprojekt stand der Schützenpanzer HS 30. Er wurde im Zuge der Aufstellung der Bundeswehr in großen Stückzahlen bestellt und unter anderem auch durch die Ruhrstahl AG und die Henrichshütte als Teil des Konzerns produziert. Aufgrund der erheblichen Mängel und Unregelmäßigkeiten bei der Beschaffung des HS 30 entwickelte sich der erste „Rüstungsskandal" der Bundesrepublik Deutschland. Der Schützenpanzer war Leitexponat für die sich an der Wiederbewaffnung der Bundesrepublik entzündende Diskussion. Über die Frage, ob Fahrzeuge, mit denen Soldaten in den Einsatz geschickt werden, nicht geeignet sein müssen, den Insassen die größtmögliche Sicherheit zu geben, ergaben sich zahlreiche Berührungspunkte zu aktuellen gesellschaftlichen Diskussionen um Auslandseinsätze mit veraltetem Material oder neue Rüstungsprojekte. Die Werbekampagne der Firma Hornbach brachte kontrastierend nochmals die Faszination von Produkt und Material auf den Punkt: „Das ist so mit der beste Stahl, den es eigentlich gibt – Panzerstahl."[7]

Tief und hoch

Die Abteilung „Tief und hoch" konzentrierte sich auf konkrete Relikte aus dem Zweiten Weltkrieg auf dem Gelände: Hochofen 3 und die Räume unter den Erztaschen. Auch hier arbeitete die Schau mit einem Gegensatzpaar: Der aufragende Hochofen als für die Rüstung produzierendes, großtechnisches Aggregat und die provisorischen Luftschutzräume unter den Erzbunkern wurden in Zusammenhang gestellt.

Hochofen 3 ist als ältester Hochofen des Ruhrgebiets ein touristisches Ziel und beliebtes Fotomotiv. Daher musste eine Ausstellungsarchitektur gefunden werden, die zwar einerseits den Hochofen als Teil der Rüstungsproduktion und somit als Großexponat der Sonderausstellung auswies. Andererseits durfte der „Weg des Eisens", der das Denkmal in seiner Funktion erschließt, nicht beeinträchtigt werden. Das Ergebnis war eine alternative Wegeführung, die

---

[7] Hornbach-Werbung 2013: Werbefilm auf http://hornbachhammer-case.com/socialmedia/de/ (aufgerufen am 16.3.2015).

unabhängig von der Dauerausstellung die Geschichte der Anlage vor, während und nach dem Zweiten Weltkrieg mit Texten und zeitgenössischen Fotografien auf großen Leuchtwürfeln erläuterte.

Hochofen 3 wurde am 10. Oktober 1940 als Teil der Erweiterung der Henrichshütte zum Rüstungsbetrieb angeblasen. Der zusätzliche Hochofen sollte gewährleisten, dass auch bei Ausfällen und Reparaturen auf zwei Öfen Erz geschmolzen werden konnte. Das Baugesuch wurde bereits 1939 gestellt, doch konnten – wie auch in anderen Abteilungen – die Arbeiten aufgrund des Arbeitskräftemangels nur zeitverzögert umgesetzt werden. Nach Kriegsende sollte das ganze Werk demontiert werden. Die verbliebenen Arbeiter waren mit Aufräum- und Instandsetzungsarbeiten beschäftigt. Ab August 1945 wurde zwar eine erste Betriebsgenehmigung zur Instandsetzung von Lokomotiven und Eisenbahnausrüstungen erteilt und in den Folgejahren ergänzt. Doch erst 1949 waren alle Abteilungen der Henrichshütte von der Demontageliste gestrichen und konnten in den folgenden Jahren wieder in Betrieb genommen werden. 1952 wurde auch Hochofen 3 wieder angeblasen.

Die eng mit der Rüstungsproduktion verbundene Geschichte des Industriedenkmals ist den meisten Besuchern kaum bewusst und bislang auch in der Dauerausstellung nicht zentral dargestellt. Tatsächlich scheint es problematisch, ein eng mit der regionalen Identität verknüpftes Denkmal auf diesen negativen Aspekt zu fokussieren. So stellt sich auch hier die Frage nach „Stahl und Moral", nach dem Gleichgewicht zwischen Technikbegeisterung und Aufarbeitung der eigenen Geschichte.

Als Kontrapunkt zu Hochofen 3, dessen Entstehungsgeschichte für die Produktivität des Werks im Zweiten Weltkrieg steht, wurden die Räume unter den Erztaschen als authentische Orte für Kriegserfahrung und Luftschutz für die Ausstellung inszeniert. Diese Räume sind nur ein Beispiel für die verschiedenen Luftschutzeinrichtungen auf dem ehemaligen Werksgelände: daneben gab es Hochbunker, Luftschutzräume in Kellern, Deckungsgräben und Stollen.[8]

Die Henrichshütte wurde als kriegswichtiger Betrieb ab 1940 mehrfach bombardiert. Der schwerste Angriff auf Hattingen mit 1.200 Sprengbomben erfolgte am 14. März 1945 und forderte mindestens 144 Tote. Im März folgten weitere schwere Angriffe, so dass bei Kriegsende laut Werksleitung die Henrichshütte zu einem Drittel zerstört war.[9] Über die Luftschutzeinrichtungen der Henrichshütte liegen unterschiedliche Aussagen von Zeitzeugen vor. In einem

---

8   Wilfried Maehler/Michael Ide: Die Henrichshütte Hattingen im 2. Weltkrieg. Werkluftschutz und Bunker in einem Rüstungsbetrieb, Hattingen 2010, S. 32–34.

9   Thomas Weiß: Hattingen-Chronik. (Veröffentlichungen aus dem Stadtarchiv Hattingen, 14), Essen 1996, S. 132–133.

Raum wurden diese Erinnerungen von Werksmitarbeitern, Angehörigen und auch Zwangsarbeitern als Zitate gegenüber gestellt. „Ich brauchte ja nicht oben rauf (in den Stollen), ich konnte ja in die Erztaschen. Die Erztaschen waren ja, wenn die voll sind, da ist ja 12 m drauf. Und da konnten wir dann runter gehen. (...) da war alles durcheinander. Alles was da arbeitete," so berichtet Wilhelm Gräwingholt, ein Angestellter.[10] Dagegen beschreibt Wladimir O., der 1942 zur Zwangsarbeit nach Deutschland verschleppt wurde: „Als wir im Jahre 1942 kamen, bombardierten Amerikaner Hattingen. Während der Bombardierung waren wir die ganze Zeit im Lager, in den Luftschutzkeller durften wir nicht."[11] Die Gegenüberstellung der unterschiedlichen Aussagen gab in der Schau nicht unbedingt die historischen Fakten, sondern vielmehr die subjektiven Erinnerungen wieder. Der Besucher konnte so den Raum und seine frühere Funktion auch über die persönlichen Aussagen wahrnehmen und differenziert betrachten.

Grundlage für diese Zitatebene waren Interviews aus den Jahren 2002 und 2003, die im Rahmen von zwei Projekten geführt wurden. Bei dem Projekt „Zwangsarbeit" 2003 arbeitete das Industriemuseum in Kooperation mit dem Hattinger Stadtarchiv und der VHS das titelgebende Thema für die Henrichs-hütte auf. Dabei wurden zahlreiche Interviews mit Menschen geführt, die im Zweiten Weltkrieg zur Arbeit auf der Hütte gezwungen wurden. Im gleichen Jahr wurde auch auf dem Gelände des Industriemuseums zum Thema Krieg geforscht. Der Luftschutzstollen wurde erstmals durch den Studienkreis Bochumer Bunker e.V. besichtigt und ist seit 2008 im Rahmen von Führungen für Besucher zugänglich.[12] Auch hierzu wurden Zeitzeugen interviewt, unter anderem Wilhelm Gräwingholt, der den Bau eines Abschnitts des Stollens beschreibt. Den Abschluss dieser Abteilung bildeten drei Hörstationen. Der mit einer durchgehenden Bank und darin integrierte Hörstationen sehr reduzierte Inszenierung griff möglichst wenig in den Raum ein.

„Was nehme ich mit?"

Die Ausstellung „Stahl und Moral" wurde mit einem partizipativen Ansatz geplant und umgesetzt. Schon in der Vorbereitungsphase wurden Schulen eingebunden. In Kooperation mit Nadine Frensch aus dem Programm „Kulturagenten für kreative Schulen" wurden unterschiedliche kreative Auseinandersetzungen mit dem Thema Krieg und dem authentischen Ort an mehreren

---

10   Interview mit Wilhelm Gräwingholt, 31.10.2002; LWL-Industriemuseum: Int. 3270.45/0149.

11   Interview mit W.O., 14.09.2002; LWL-Industriemuseum: Int. 3270.45/0208.

12   Wilfried Maehler/Michael Ide: Die Henrichshütte Hattingen im 2. Weltkrieg. Werkluftschutz und Bunker in einem Rüstungsbetrieb, Hattingen 2010, S. 48–54.

Schulen angeregt, begleitet und umgesetzt. So erlernten Schülerinnen der Parkschule Essen gemeinsam mit Sabine Korth, Künstlerin und Fotografin, die Arbeitsweise mit Collagen als persönliches Ausdrucksmittel. Bei einem Besuch der Henrichshütte stellten die Schülerinnen so ihre Sicht auf das Werk und die Kriegsvergangenheit dar.

Eine Gruppe der Realschule Stadtmitte in Mülheim an der Ruhr erforschte die ehemaligen Luftschutzräume auf dem Hüttengelände. Die im Laufe des Projekts entstandenen Schülerarbeiten wurden unter dem Titel „Was nehme ich mit?" in die Ausstellung integriert. Hier malten die Projektteilnehmer mit nachleuchtender Farbe auf, was sie in den Luftschutzbunker mitgenommen hätten. Weniger eine realistische Einschätzung der Gegebenheiten, als vielmehr der persönliche Zugang und die Anknüpfung an die eigene Lebenswirklichkeit war die Zielsetzung des Projektes. Die Ergebnisse waren vielfältig: Abgesehen von zahlreichen Mobiltelefonen wurden beispielsweise frische Unterwäsche, die beste Freundin oder die eigene Brille skizziert. Die leuchtenden Bilder wurden in einem abgedunkelten Gang in Szene gesetzt. Trotz des niederschwelligen und kreativen Ansatzes nahmen außerhalb des Netzwerkes der „Kulturagenten für kreative Schulen" keine weiteren Schulen an dem Projekt teil. Dennoch kann das Projekt als Erfolg verbucht werden, da die gute Kooperation zwischen Museum, Schule und Kulturagenten eine nachhaltige Zusammenarbeit initiierte.[13]

Während der Laufzeit der Schau zeigte sich, dass auch bei älteren Menschen der Wunsch nach Auseinandersetzung mit der Thematik durchaus vorhanden war. So wurde beispielsweise die Vortragsreihe auch von Menschen mit Kriegserfahrungen wahrgenommen, die hier im Rahmen der Diskussionen eigene Erlebnisse schilderten. Um weitere Geschichten und Informationen zu sammeln, schloss an die Ausstellung ein gemeinsam mit Dr. Wilfried Korngiebel von der VHS Hattingen durchgeführtes Interviewprojekt an. Interessantes erzählte Alfred Uhlig zu dem Umgang mit Luftschutz in den Büros der Henrichshütte.[14] Uhlig wurde 1928 in Welper geboren und arbeitete von 1942 bis 1956 auf der Henrichshütte, wo er 1945 seinen Abschluss als Kaufmannsgehilfe machte. „Wir hatten ja teure Rechenmaschinen und Schreibmaschinen, damals kostete nach dem Kriege eine gute Rechenmaschine soviel wie ein VW." Und weiter berichtet er: „(...) In jedem Stockwerk war ein Raum, dick ausgemauert mit Beton und Stahltüren davor, für die Maschinen. Und da mussten dann, wenn Alarm kam, die Maschinen alle in den Raum gebracht werden und wenn die drin waren, konnten wir dann auch weg gehen."[15] Bei Innenalarm, der auf der

---

13 Vgl.: www.kulturagenten-programm.de/laender/projekte/4/671 (aufgerufen am 12.3.15)
14 Interview mit Alfred Uhlig, 16.12.2014; LWL-Industriemuseum: Int. 3270.45/0266.
15 Interview mit Alfred Uhlig, 16.12.2014; LWL-Industriemuseum: Int. 3270.45/0266.

Hütte sowieso schon spät ausgelöst wurde,[16] mussten demnach erst die wertvollen Maschinen in die nahe gelegenen Schutzräume gebracht werden und erst danach konnte die Belegschaft in die weiter entfernten Räume unter den Erztaschen flüchten. Dorthin durften, so erinnert sich Uhlig, auch die Arbeiter aus den Niederlanden und Frankreich. Den Kriegsgefangenen aus Russland blieb dagegen der Zugang verwehrt.[17] Wie Uhlig erlebten die meisten, noch heute lebenden Zeugen, den Zweiten Weltkrieg als Kinder und Jugendliche. Eine Zeitzeugin war zu Kriegsbeginn acht Jahre alt. Ihr Vater arbeitete als Maschinist auf der Hütte und die Familie wohnte nahe dem Gelände. E. Z. beschreibt, dass der Weg in den Luftschutzstollen alltäglich war: „Es war halt so, man rannte da runter, ging da rein und dann wurden die Türen zugemacht und dann wartete man ab bis Entwarnung kam. (…) Ich meine, dass wir da Stunden verbracht haben war klar auch geschlafen haben. Aber es ging da auch immer ziemlich ruhig zu, auch die kleinen Kinder und so – das war alles so."[18]

„Es ist doch seltsam, der Mensch strebt nach Harmonie aber produziert immer stärkere Waffen."[19]

Vom 9. Mai bis zum 9. November 2014 kamen 12.919 Besucher auf das Gelände der Henrichshütte.[20] Laut Gästebuch nahmen viele Besucher die Ausstellung positiv war. „'Gewalt in Hattingen' ist ein mutiges Unterfangen und für mich eine beeindruckende Ausstellung. Bald 70 Jahre kein Krieg bei uns! Und das Elend drum herum!"[21] schrieb ein Besucher im Sommer 2014. Neben dem Zuspruch für die Schau schwingt hier das einleitend benannte Problem der großen Distanzen zwischen den einzelnen Abteilungen mit. Der Besucher scheint trotz der Wegeführung auf dem Außengelände die Abteilung als abgeschlossene Ausstellung wahrgenommen zu haben.

Ein Erfolg der Ausstellung waren die guten Kooperationen mit Institutionen und die Zusammenarbeit mit anderen Abteilungen des Landschaftsverbandes Westfalen-Lippe. Ab Juni 2014 wurde „Stahl und Moral" mit der Schau „Welt. Krieg. Erbe. – World. War. Heritage." des Lehrstuhls Denkmalpflege der BTU Cottbus-Senftenberg um Fragestellungen zum materiellen Kulturerbe ergänzt. Sowohl der Umgang mit dem Erbe im Krieg und den materiellen Überresten

---

16 Andrea Hubert: Werkluftschutz in einem Rüstungsbetrieb im Ruhrgebiet während des 2. Weltkrieges am Beispiel der Ruhrstahl AG Henrichshütte Hattingen, Schriftliche Hausarbeit zur Erlangung des Grades Magistra Atrium in der Fakultät für Geschichtswissenschaft der Ruhr-Universität Bochum, Bochum 2004, S. 57–58.

17 Interview mit Alfred Uhlig, 16.12.2014; LWL-Industriemuseum: Int. 3270.45/0266.

18 Interview mit E.Z., 16.12.2014; LWL-Industriemuseum: Int. 3270.45/0265.

19 Gästebucheintrag im August 2014.

20 Interne Besucherstatistik des LWL-Industriemuseums Henrichshütte Hattingen, Stand 19.02.2015.

21 Gästebucheintrag im Juni/Juli 2014.

der Kriegszeiten als auch die Darstellung der beiden Weltkriege wurden thematisiert. Am 19. September löste die Ausstellung „FRONT 14/18–Der Erste Weltkrieg in 3D" die Abteilung „Tief und hoch" in den Räumen unter den Erztaschen ab. Gemeinsam mit dem Medienzentrum und dem Museumsamt des Landschaftsverbandes Westfalen-Lippe wurden stereoskopische Aufnahmen von den Frontsoldaten Karl Bußhoff und Otto Mötje für den Besucher aufgearbeitet.

Die Henrichshütte als Produzent von Vorprodukten für die Rüstung soll zukünftig weiter erforscht werden. Wie in der Schau dargestellt, wurde mit der Gründung der Bundeswehr und der Wiederbewaffnung auch nach Kriegsende die Rüstungsproduktion erneut relevant für das Werk. Zu diesem Zeitraum konnten durch Interviews bereits neue Informationen gesammelt werden, die auch den Alltag in der Fertigung skizzieren. E. S., der ab 1967 in der Qualitätsstelle für Panzerstähle zuständig war, beschreibt den Produktionsalltag auf der Henrichshütte: „So gab´s an jedem Fertigungsschritt (…) irgendwas, was aus dem Rahmen der übrigen Fertigung herausfiel und was im Betrieb zusätzlichen Aufwand, zusätzliches Hingucken, zusätzliche Beobachtung, zusätzliche Manipulation erforderte."[22] Dieser Aufwand ebenso wie die erhöhten Ansprüche machten den Panzerstahl werksintern zu einem eher unbeliebten Produkt, musste doch für geringe Stahlmengen besonderer Aufwand betrieben werden. Darüber hinaus wurde bei kleinen Abweichungen von der geforderten Zusammensetzung die Schmelze gestoppt. Hier war meist keine weitere Nutzung mehr möglich.

Die Vergütung war von besonderer Bedeutung für die Produktion der Panzerstähle, da hier die spezifischen Produkteigenschaften eingestellt wurden.[23] Trotz dieser Relevanz war diese Abteilung nicht über das gesamte Produkt informiert. Wolfgang Schneider-Milo leitete ab 1965 die Vergüterei. Er berichtet im Interview, dass er nur Angaben zu den Eigenschaften der jeweiligen Produkte hatte, die seine Abteilung betrafen. „Die Rüstungsindustrie war immer so aufgebaut, dass der Einzelne nur gerade sein Gebiet wusste, mehr nicht."[24] Das einzige Produkt, dass Schneider-Milo eindeutig der Rüstungsproduktion zuordnen konnte, waren Panzerkuppeln. Andere Produkte konnten in den Abteilungen teilweise über die Legierung als Rüstungsprodukt ausgemacht werden.

---

22 Interview mit E. S., 13.01.15; LWL-Industriemuseum: Int. 3270.45/0264.
23 Interview mit E. S., 13.01.15; LWL-Industriemuseum: Int. 3270.45/0264.
24 Interview mit Wolfgang Schneider-Milo, 18.02.15; LWL-Industriemuseum: Int. 3270.45/0277.

Fazit

„Stahl und Moral" war für den Standort eine wichtige Ausstellung. Für die Schau wurden bereits erforschte Sachverhalte interpretiert und in neue Kontexte gesetzt. Gleichzeitig konnten Wissenslücken aufgedeckt werden, die es in der weiteren Arbeit zu schließen gilt. Zeitzeugeninterviews wurden daher während und nach der Laufzeit gezielt mit Fragestellungen zu den Kriegszeiten geführt. Die im Rahmen der Ausstellung initiierte Zusammenarbeit mit anderen Institutionen, wie beispielsweise der Wehrtechnischen Studiensammlung Koblenz, brachte neue Aspekte und Perspektiven. Gleichzeitig bot die Auseinandersetzung mit dem heutigen Museumsgelände Anknüpfungspunkte für die Arbeit mit Schülern, auch da hier die erlebte Erfahrung im Mittelpunkt stand.

„Stahl und Moral" wird als neu akzentuierter Inhalt auch zukünftig Thema in Forschung und Museumsarbeit auf der Henrichshütte sein.

Weihnachtspyramide und Granate
(Annette Hudemann/LWL-Industriemuseum)

„Heldengedenken" (Walter Fischer/LWL-Industriemuseum)

„Heldenkult" (Walter Fischer/LWL-Industriemuseum)

„Auf Flanderns Feldern blüht der Mohn …" (Walter Fischer/LWL-Industriemuseum)

„Nie wieder Krieg!" (Walter Fischer/LWL-Industriemuseum)

Panzerwrack (Walter Fischer/LWL-Industriemuseum)

Schützenpanzer HS 30 (Annette Hudemann/LWL-Industriemuseum)

In der Möllerung (Annette Hudemann/LWL-Industriemuseum)

Weihnachten im Luftschutzbunker (Annette Hudemann/LWL-Industriemuseum)

1944: Was nehme ich mit? (Walter Fischer/LWL-Industriemuseum)

2014: Was nehme ich mit? (Annette Hudemann/LWL-Industriemuseum)

Da Eisenbahnmaterial kriegswichtig war, lief die Produktion von Radsätzen in den ersten Monaten weiter, 1915. (LWL-Industriemuseum)

Manfred Rasch

Die Henrichshütte im Krieg
Ein Vergleich zwischen Erstem und Zweitem Weltkrieg[1]

1. Vorbemerkung

Die folgende Studie soll die Geschichte der Henrichshütte als Rüstungslieferant während der beiden Weltkriege beleuchten, um Unterschiede und Gemeinsamkeiten festzustellen und diese zu erklären. Was waren in der jeweiligen Zeitspanne selbstständige unternehmerische Entscheidungen und was waren vorgegebene politische Rahmenbedingungen? Zunächst wird die jeweilige unternehmensorganisatorische Einbindung der Henrichshütte und das damit verbundene Produktionsprogramm, wobei sich dieses Kapitel nicht ausschließlich auf die jeweilige Kriegszeit beschränkt, sondern auch darüber hinausgeht, dargestellt, anschließend das Problem der Arbeitskräfte in den beiden Kriegen thematisiert. Im dritten Abschnitt werden die hergestellten Rüstungsgüter und die damit verbundene Unternehmenspolitik beschrieben. Im Fazit werden die Ergebnisse thesenartig zusammengefasst.

Neben der schon 2003 erschienenen Arbeit des Autors zur Rüstungsfertigung der Henrichshütte in Hattingen[2] während des Ersten und Zweiten Weltkriegs stützt sich diese Ausarbeitung auf zusätzliche Archivstudien und neue Dokumente.

2. Die Henrichshütte im Unternehmensverbund
2.1 Als Abteilung von Henschel & Sohn, Kassel

1904 unternahm die westdeutsche Stahlindustrie einen erneuten Versuch, den mit Überkapazitäten kämpfenden Markt zu kartellieren und gründete am 29. Februar 1904 die Stahlwerks-Verband AG. Nur kurze Zeit zuvor, am 20. Februar 1904, hatte Deutschlands größter Lokomotivhersteller Henschel & Sohn das Werk Henrichshütte von der Union AG für Bergbau, Eisen-

---

1 Vortrag im LWL-Industriemuseum Henrichshütte Hattingen am 31.10.2014.
2 Manfred Rasch: Granaten, Geschütze und Gefangene. Zur Rüstungsfertigung der Henrichshütte in Hattingen während des Ersten und Zweiten Weltkriegs. Essen 2003. Anja Kuhn / Thomas Weiß: Zwangsarbeit in Hattingen, Essen 2003.

und Stahlindustrie erworben, einst Deutschlands größtem Stahlunternehmen, das sich aber schon seit Jahren wegen mangelnder Rentabilität in finanziellen Schwierigkeiten befand und deshalb durchaus auf das für das Dortmunder Werk nicht unbedingt verkehrsgünstig gelegenen Hüttenwerk bei Hattingen verzichten konnte. Henschel hingegen befürchtete infolge der Kartellgründung einen Anstieg seiner Rohmaterialkosten und investierte deshalb einen Teil der seit Jahren üppigen Unternehmensgewinne nicht in die horizontale Erweiterung durch Erwerb eines Konkurrenten, sondern in die vertikale Erweiterung des Unternehmens durch Kauf eines Vormateriallieferanten. Henschel wollte Eisenbahnräder, Kesselbleche, Heizungsrohre und andere Qualitätsprodukte für den Lokomotivbau aus eigener Herstellung in Hattingen beziehen und investierte deshalb in den nächsten zehn Jahren fast 43 Millionen Mark in die Henrichshütte, nahezu das Fünffache des Kaufpreises, um das Werk zu modernisieren und auf seine Erfordernisse auszurichten. Dafür erweiterte Henschel die Bearbeitungswerkstätten und erwarb neue, zusätzliche Maschinen, ließ aber auch 1913 einen neuen Hochofen bauen, um die Roheisenkosten zu senken. Das Werk Henschel & Sohn Abteilung Henrichshütte wurde besonders auf die Produktion von Eisenbahnmaterial ausgerichtet, stellte aber Rüstungsprodukte nicht her, sieht man einmal von der möglichen Nutzung der Lokomotiven für Kriegszwecke ab.

2.2 Als Werk der Ruhrstahl AG, Witten, im Verbund der Vereinigten Stahlwerke, Düsseldorf

1930 brachte Henschel & Sohn die Henrichshütte als größtes Werk in die Ruhrstahl AG ein. Die Initiative zur Unternehmensgründung ging von den Vereinigten Stahlwerken aus, die mit der Ruhrstahl AG einen Produktionsschwerpunkt Stahlguss und Schmiedestücke bilden wollte, um durch Produktionslenkung und Standortkonzentration die Betriebsrentabilität der sechs Werke Annener Gussstahlwerk, Gelsenkirchener Gussstahlwerke, Gussstahlwerk Witten, Henrichshütte, Presswerk Brackwede und Stahlwerk Krieger zu sichern. Durch Unternehmensexpansion und nicht nur infolge der Weltwirtschaftskrise bedingt ausbleibender Aufträge befand sich Henschel in finanziellen Schwierigkeiten und stimmte der Unternehmensgründung zu. Sie erhielt 58 % des auf 36 Millionen RM festgesetzten Aktienkapitals für die Einbringung der Henrichshütte. Zudem gingen die Vereinigten Stahlwerke noch zusätzliche Vereinbarungen hinsichtlich der Lieferung von kostengünstigem Roheisen sowie den eigenen Bezug von Lastkraftwagen und Lokomotiven aus Kassel ein. Sitz der neuen Unternehmensgruppe wurde das Gussstahlwerk Witten, wo sich schon eine selbstständige Unternehmensverwaltung befand, die zudem räumlich im Mittelpunkt der fünf anderen Werke lag.

Während der Weltwirtschaftskrise hatte die Ruhrstahl AG mit enormen wirtschaftlichen Problemen angesichts vorhandener Überkapazitäten zu kämpfen. War schon 1929/30 die Stilllegung der Henrichshütte geplant gewesen, so dachten Vorstand und Aufsichtsrat der neuen Gesellschaft über diesen Schritt 1932 erneut nach. Die nationalsozialistische Machtübernahme und ein damit verbundener innerdeutscher Konjunkturaufschwung verhinderten die Umsetzung der Pläne. An der nationalsozialistischen Autarkie- und Aufrüstungspolitik partizipierte die Henrichshütte spätestens seit Verkündung des Vierjahresplans 1936, ganz im Gegensatz zum Wilhelminischen Zeitalter, als erst mit Kriegsbeginn und der Munitionskrise im Herbst 1914 die Produktion der Henrichshütte um Kriegsgüter erweitert wurde.

3. Rüstungsproduktion
3.1 Rüstungsproduktion im Ersten Weltkrieg

Seit dem 21. April 1914 stand die Henrichshütte unter der Leitung von Carl Canaris, dem Bruder des späteren Leiters der Abwehr im Oberkommando der Wehrmacht und Mitattentäter des 20. Juli 1944 auf Adolf Hitler. Wie alle deutschen Werke ging sie von einer kurzen Kriegsdauer aus und bemühte sich nicht, die seinerzeit erreichte Produktionshöhe zu halten. Die Erzeugung wurde deutlich gedrosselt, der reduzierten Belegschaft infolge der Einberufungen zum Militär angepasst. Man bemühte sich nicht um Ersatzarbeitskräfte, obwohl die Arbeitslosigkeit in Deutschland in den ersten Kriegsmonaten zunahm, also Arbeiter durchaus anzuwerben gewesen wären. Schon aus technischen Gründen war die bisherige Produktion nicht aufrecht zu halten, denn im Ruhrgebiet wurde in den ersten Kriegswochen der komplette zivile Eisenbahnverkehr eingestellt. Aufmarsch und Nachschub der in Belgien und Luxemburg kämpfenden Truppen mussten zum großen Teil durch das Ruhrgebiet geschafft werden. Für die Industrie bedeutete dies, sofern sie nicht wie die Firma Krupp kriegswichtig war, dass per Bahn weder Rohstoffe und Halbfabrikate angeliefert, noch Produkte ausgeliefert werden konnten. Aufgrund der damals noch üblichen reichlichen Vorratshaltung an Rohstoffen ließen sich die Werke zunächst weiterbetreiben, auch wenn bald der Lagerplatz für die Halb- und Fertigprodukte knapp wurde. Die Henrichshütte blies einen ihrer Hochöfen aus und drosselte so die gesamte Produktion des Werkes. Da die Eisenbahn das Rückgrat der deutschen Kriegführung war und in den besetzten Gebieten das Militär zusätzliche Lokomotiven und Eisenbahnwaggons benötigte, dürfte Henschel & Sohn recht schnell Ausnahmegenehmigungen für ihre Henrichshütte und deren Produktion an Eisenbahnmaterial erhalten haben. Aber erst mit der Munitionskrise im Herbst 1914 nahm auch die Henrichshütte die Produktion reiner Kriegsgüter auf. Canaris stellte das Werk ab 1915 mit Zustimmung der Kasseler Firmenleitung auf die unmittelbare Kriegsproduktion um. Die Stahlgießerei, das Press- und Hammerwerk sowie die Bearbeitungswerkstätten produzierten nun vornehmlich Granathülsen unterschiedlicher Kaliber.

Einen zweiten Schritt in die Rüstungsproduktion tat Karl Henschel Anfang 1916, schon vor Verkündung des sogenannten Hindenburg-Programms, das die bisherige deutsche Rüstungsfertigung über den damals schon erreichten Stand nochmals um den Faktor 3 bis 5 vergrößern sollte. Der Firmeninhaber Henschel war sich der Qualität und Bedeutung der in Kassel und Hattingen vorhandenen Bearbeitungsmaschinen wie Drehbänken, Stoß-, Hobel- und Bohrmaschinen sowie der Facharbeiter bewusst, mit denen nicht nur kriegswichtige Lokomotiven hergestellt werden konnten. Er wollte in das eigentliche Rüstungsgeschäft einsteigen, und zwar nicht nur in die Lizenzfertigung, sondern auch in die Eigenentwicklung von Geschützen. Zur Sicherung einer ausreichenden Erzbasis für die Roheisenerzeugung der Henrichshütte erwarb er in Thüringen und im Siegerland Erzbergwerke, unter anderem die Eisen- und Kupfererzgrube Gewerkschaft „Alte Dreisbach" bei Eiserfeld in Niederschelden. Die Henrichshütte selbst beantragte im Februar 1916 die Errichtung einer Kleinbessemerei mit zwei Konvertern, die qualitativ hochwertigen Stahlguss für jährlich bis zu 80.000 Granaten im Gewicht von 3.200 t erzeugen konnte. Angesichts der im Westen betriebenen Materialschlachten mit ihren tagelangen „Artilleriewalzen" war diese Menge noch nicht einmal ein Tropfen auf den heißen Stein. Im gleichen Jahr wurde auch ein Tiegelgussstahlwerk erbaut, um hochwertige Roheisenblöcke für die Geschützrohrfabrikation sowie für Radbandagen herzustellen. Die preußische Artillerie-Prüfungskommission sowie die Geschützgießerei Spandau forderten aus Qualitätsgründen für Geschützrohre die Verwendung von Tiegelstahl. Da die Henrichshütte schon vor Jahrzehnten auf moderne Massenstahlerzeugungsverfahren umgestellt hatte, musste die „handwerkliche" Tiegelgussstahlerzeugung wieder aufgenommen werden. Ungefähr 1.200 Geschütz- und Ersatzrohre wurden von der Henrichshütte gegossen, vorgebohrt, vorgedreht und vergütet und nach Kassel zum Werk Mittelfeld von Henschel & Sohn geliefert, wo Karl Henschel während des Kriegs die Geschützfabrikation errichten ließ. Im Werk Mittelfeld wurden die Geschütze montiert und auf dem nahe gelegenen firmeneigenen Schießplatz Heckershausen erprobt.

Die Henrichshütte lieferte unter anderem Stahlgussgranaten (Kaliber 21 cm), gezogene Granaten von 7,6 cm bis zu 42 cm Durchmesser, Radnaben für Artilleriefahrzeuge, Geschütz- und Minenwerferrohre. Eine weitere Spezialität lieferten ihre Schmiedebetriebe. Dort wurden 2.423 Zylinder für Flugzeugmotoren im Gesenk unter Dampfhämmern fertig geschmiedet. Außerdem fertigte die Henrichshütte 50 Kurbelwellen für U-Boot-Dieselmotoren sowie schwere geschmiedete Hohlkörper für die Haber-Bosch-Stickstoffsynthese in Leuna bei Merseburg, die für die synthetische Sprengstofferzeugung und damit für die Fortführung des Kriegs wichtig war. Diese Hohlkörper mussten mindestens 200 atm Druck aushalten. Monatlich stellte die Henrichshütte gegen Kriegsende 425 t von 21-cm-Granaten und 800 bis 1.000 t von 15-cm-Granaten her. Vergütet wurden pro Monat 500 bis 600 t 21-cm- und 30,5-cm-Granaten, Minenwerferrohre und Seelenrohre für Geschütze. Während des Kriegs lieferten Stahlwerk, Kleinbessemerei und Graugießerei über eine Million Stahl- und Graugussgranaten, teils in eigenen, teils in fremden Werkstätten bearbeitet. Die Mechanische Werkstatt produzierte insgesamt 875.515 Geschosse, darunter 1.800 Stück 30,5-cm- und 98 Stück 42-cm-gezogene-Laufgranaten für das deutsche Riesengeschütz „Dicke Bertha". Eine 42-cm-Granate ohne Sprengstoff kostete zunächst 1.400 Mark, in der zweiten Hälfte des Kriegs inflationsbedingt sogar 1.500 Mark. Weitere Erzeugnisse der Henrichshütte waren große Mengen von U-Boot- und Torpedobootblechen sowie Chromnickelstahlblech für Artilleriematerial.

Diese Produktionsleistungen beeindruckten die Unternehmensleitung in Kassel ebenso wie den preußischen Staat und seine Militärs. Aufgrund seines erwiesenen Organisationstalents wurde Carl Canaris zum 1. Oktober 1916 in die Geschäftsführung von Henschel & Sohn berufen und erhielt kurz darauf in Anerkennung seiner Verdienste um die Kriegswirtschaft das 1916 gestiftete Eiserne Kreuz II. Klasse am weiß-schwarzen Band sowie das Verdienstkreuz für Kriegshilfe. Diese Erzeugungsleistungen hatte Canaris auf der Henrichshütte nur durch den zusätzlichen Einsatz ausländischer Zivilarbeiter sowie von Kriegsgefangenen erzielen können.

Um seine ehrgeizigen Ziele bei der Geschützherstellung zu erreichen, dies war nämlich sowohl eine Frage der Stahlqualität als auch der technischen Konstruktion, warb Henschel 1916 zwei leitende Mitarbeiter bei der Firma Krupp in Essen ab. Auch wenn es naheliegend gewesen wäre, so scheint Henschel nicht die Fertigung von Eisenbahngeschützen angestrebt zu haben. Konstruktion und Bau entsprechender Geschützrahmen dürfte weit über das hinausgegangen sein, was man bis dahin in Kassel oder Hattingen zu leisten vermochte.

Nach Abschluss des Versailler Friedensvertrags mussten auf Anordnung der Micum (Mission Interalliée de Contrôle des Usines et des Mines) die kriegswichtigen Produktionseinrichtungen, insbesondere die Spezialmaschinen für die Geschoss- und Geschützfabrikation, zum größten Teil verschrottet werden. Ein Produktionseinbruch war damit jedoch nur bedingt verbunden, da insbesondere die Ersatzbeschaffungen von Lokomotiven bei Henschel & Sohn eine Weiterbeschäftigung der Henrichshütte und eine problemlose Wiedereingliederung der zurückkehrenden Soldaten ermöglichten, wenn auch zu Lasten einer deutlich gesunkenen Produktivität (siehe Tabelle). Die Kanonenrohr-Bohrwerkstatt gab Raum für die Fabrikation von Waggonradsätzen, während in die Geschosszieherei und -dreherei die Eisenkonstruktions-Werkstätten einzogen.

Die Produktion der Henrichshütte wurde wieder ausschließlich auf zivile Zwecke ausgerüstet. Wegen der Qualität ihrer Gieß- und Schmiedebetriebe – und wohl auch wegen zur Zeit noch nicht nachvollziehbarer Beziehungen zur Kriegsmarine – lieferte die Henrichshütte während der Weimarer Republik wichtige Teile für den Kriegsschiffbau, u. a. Kurbelwellen für dampfturbinengetriebene Torpedoboote, Material für den 1925 in Dienst gestellten Leichten Kreuzer „Emden" sowie das Vulkangetriebe für das im April 1933 in Dienst gestellte Panzerschiff „Deutschland". Letzteres ermöglichte es, die Leistung von vier Dieselmotoren auf nur eine Schraubenwelle zu lenken.

	Hochöfen	Stahlwerk	Walzwerk	Eisen-gießerei	Stahl-gießerei	Press- und Hammer-werk	Arbeiter
1913	151.896	179.279	106.096	6.875	1.328	24.297	3.522
1914	110.723	166.304	86.150	5.069	8.505	19.861	3.338
1915	65.911	133.657	67.576	4.359	16.624	16.034	2.803
1916	83.639	153.878	62.220	4.877	18.162	23.081	2.721
1917	82.799	156.320	65.004	4.087	14.230	25.693	4.150
1918	70.535	141.541	66.245	3.102	8.585	25.802	3.839
1919	59.275	100.457	44.326	4.516	8.381	20.985	4.646

Produktion (in Tonnen) und Arbeiter (im Jahresdurchschnitt)
auf der Henrichshütte 1913–1919

3.2 Rüstungsproduktion im Zweiten Weltkrieg

Die Rüstungsfertigung im Zweiten Weltkrieg begann – ganz im Gegensatz zum Ersten Weltkrieg – schon deutlich vor „Ausbruch" des Krieges. Sie war keine Fortsetzung der – vergleichsweise marginalen – Marinerüstung der Weimarer Jahre, sondern eine eigenständige unternehmerische Entscheidung in der vom NS-Staat seit 1933 problamierten Autarkie- und Rüstungspolitik. Die treibende Kraft für die Umstellung der Henrichshütte – und anderer Werke der Vereinigte Stahlwerke – auf die Rüstungsfertigung war Walter Borbet. Bis zur Gründung der Vereinigte Stahlwerke AG hatte er als Vorstandsvorsitzender den Bochumer Verein für Bergbau und Gussstahlfabrikation geleitet, war mit Gründung der Vereinigte Stahlwerke AG 1926 in deren Vorstand berufen worden und leitete seit Errichtung der dezentralen Betriebsführungsgesellschaften 1934 als

Vorstandsvorsitzender den Bochumer Verein für Gussstahlfabrikation. Während der Weimarer Jahre durfte der Bochumer Verein aufgrund des Versailler Vertrages als einziges Unternehmen im Deutschen Reich neue Geschosse konstruieren. Nun wollte Borbet – übrigens nicht als einziger – innerhalb der Vereinigte Stahlwerke AG einen Rüstungskonzern aufbauen, der – wie Krupp, mit dem sich der Bochumer Verein seit Jahrzehnten als Qualitätsstahlhersteller zu messen versuchte – Geschütze und Munition, aber auch Panzerfahrzeuge und anderes Kriegsmaterial fertigte. Für die Umsetzung dieses Plans besaß Borbet die besten Voraussetzungen, da er seit 1934 zugleich Vorstandsvorsitzender der Hannoverschen Maschinenbau-Aktiengesellschaft vormals Georg Egestorff (Hanomag) in Hannover war, die u. a. Motoren und Fahrzeuge herstellte und die seit 1. Oktober 1934 ausschließlich auf Weisung des Bochumer Vereins arbeiten musste. Zudem war er – ebenfalls seit 1934 – Vorstandsmitglied der Ruhrstahl AG. Mit diesen Unternehmen wollte Borbet gezielt in die Rüstungsfertigung einsteigen, jedoch ohne das bisherige zivile Geschäft zu vernachlässigen. Der Bochumer Verein nahm nun neben der Fertigung von Geschossen die Produktion von Geschützrohren – auch nach dem neuen Schleudergussverfahren – sowie von besonders legiertem und gehärtetem Panzermaterial auf. 1935 stieg die Hanomag in die Rüstungsfertigung ein mit der Herstellung von 10-cm-Feldhaubitzen und 8,8-cm-Flakgeschützen, deren Rohr-Rohlinge der Bochumer Verein produzierte, sowie der Lieferung von Granaten diverser Kaliber. Ab 1937 lief in Hannover die Umsetzung der Kriegsplanung an: Die Hanomag sollte auf staatliche Anordnung Geschütze bis zum Kaliber 42 cm für Eisenbahn- und Langrohrgeschütze und eine Million Granaten diversen Kalibers jährlich herstellen. Zudem lieferte das Werk Halbkettenfahrzeuge und Selbstfahrlafetten. Zulieferer für die Endmontage im nach damaligen Vorstellungen weniger luftkriegsgefährdeten Hannover waren sowohl der Bochumer Verein als auch die Ruhrstahl AG. Innerhalb der Ruhrstahl AG lieferte die Henrichshütte Granatwerfer und Geschützrohre, aber auch Bremsen und Luftvorholer für die 8,8 cm-Flak. Sie produzierte jedoch nicht ausschließlich Rüstungsgüter für die Endmontage bei der Hanomag. So gehörten zu ihren Spezialitäten während des Krieges besonders leichte aber beschussfeste Bleche für die Flugzeugpanzerung.

Ab 1936 modernisierte und erweiterte die Henrichshütte nach und nach ihre Anlagen, um die geplante Mehrproduktion bewältigen zu können. Zwischen 1938 und 1940 entstand z. B. ein dritter Hochofen. Im Rahmen der NS-Autarkiepolitik wurden selbst die alten, seit Jahrzehnten stillgelegten Erzgruben in unmittelbarer Werksnähe wieder aufgefahren. Während des Kriegs lieferte die Henrichshütte für Heer, Marine und Luftwaffe geschmiedete Geschützrohre von 3,7 cm über 7 cm, 8 cm, 10,5 cm bis 15 cm, Fliegerbombenunterteile,

Luftkessel für Torpedos und Böden für Torpedokessel, vollständige 8-cm-schwere-Grantwerfer 34, Unterlafettenkörper sowie Ober- und Unterschilde für 10,5-cm-leichte-Feldhaubitzen 18 und Fahrgestelleinziehstreben für Flugzeuge, Ronden zur Herstellung von Kartuschhülsen, Dampfzylinder für Marinefahrzeuge, Kurbelwellen für U-Boot-Motoren, verschleißfestes Gusseisen für Lager, Panzerkuppeln für Bunkeranlagen und anderes mehr. Die Henrichshütte hatte sich schon vor Kriegsbeginn zu einem Rüstungsbetrieb gewandelt. Zum 1. April 1940 entfielen 52,4 % ihres Auftragsbestandes (in RM) auf unmittelbare und mittelbare Wehrmachtslieferungen, zum Juni 1941 waren es sogar schon 70,7 %. Die Henrichshütte war mittlerweile in die umsatzträchtige Weiterverarbeitung ihrer Panzerbleche eingestiegen, in die Fertigung von Panzergehäusen, als Teil der Borbetschen „Rüstungs-Gruppe". Schon 1936 war es Borbet gelungen, die Genehmigung zur Panzerfertigung im luftkriegsgefährdeten Ruhrgebiet zu erhalten. Eine zusätzliche Bearbeitungswerkstatt, Nr. 6 = Panzerbau, wurde errichtet und nahm zu Kriegsbeginn 1939 ihre Arbeit auf. Dafür hatte die Henrichshütte ab 1936 notwendige Spezialisten eingestellt, die u. a. Panzerstahl schweißen konnten. Der Panzerstahl musste in Härterei, Brennschneid- und Schweißwerkstätten besonders behandelt werden, um seine Beschusssicherheit zu gewährleisten. Von 1939 bis 1942 fertigte die Henrichshütte 935 Gehäuse für den Panzerkampfwagen III, 1942 50 Befehlswagen und 1942/43 150 Sturmgeschütze sowie ab 1942 bis zum 1. Oktober 1944 (letzte erhaltene Statistik) 1.449 Gehäuse für den leichten Panzerkampfwagen Panther, d. h. jedes vierte Gehäuse eines im Krieg produzierten Panther-Kampfwagens kam aus Hattingen. Die Endmontage mit Einbau der Bewaffnung, Zieleinrichtungen, Motoren usw. erfolgte jedoch weder in Hattingen noch in einem anderen Werk der „Borbetschen Rüstungsgruppe", sondern u. a. im Werk Benrath der Demag AG. Dennoch entfiel im Krieg ungefähr ein Viertel des Umsatzes der Henrichshütte auf die Panzergehäusefertigung.

Die Henrichshütte war ein wichtiges Werk für die deutsche Kriegsproduktion, insbesondere für die Panzerfertigung. Erst gegen Kriegsende beschädigten alliierte Luftangriffe das Werk schwer. Nach dem Krieg erhielten nur einzelne Produktionsgruppen eine alliierte Betriebserlaubnis, große Teile des modernen Werkes wurden demontiert, bevor ein Wiederaufbau der Hütte innerhalb einer kleineren neu gegründeten Ruhrstahl AG stattfand. Mit der Wiederbewaffnung Deutschlands in den 1950er-Jahren nahm auch die Henrichshütte ihr altes Betätigungsfeld Panzerfertigung wieder auf und reaktivierte die schon im Dritten Reich und insbesondere in der Kriegszeit gewonnenen Kenntnisse über Herstellung und Bearbeitung von Panzerstählen. Die in diesem Kapitel geschilderten Produktionsleistungen – sowohl im Ersten als auch im Zweiten Weltkrieg – wären ohne den Arbeitseinsatz von Frauen, Kriegsgefangenen und

Zwangsarbeitern nicht möglich gewesen. Dieses traurige Kapitel der Werksgeschichte soll in den folgenden beiden Abschnitten kurz skizziert werden.

4. Arbeitskräfte für die Kriegsproduktion
4.1 Arbeitskräfte im Ersten Weltkrieg

Mit der deutschen Mobilmachung zog das Militär ein Drittel der Belegschaft der Henrichshütte ein, insbesondere junge Männer. Der Anteil entsprach den im Bergbau und in der Hüttenindustrie geschätzten Ausfällen an Arbeitskräften von 25 bis 33 %. Da gleichzeitig die Produktion gedrosselt wurde, man erwartete allgemein eine kurze Kriegsdauer, zudem stockte der zivile Eisenbahnverkehr im Ruhrgebiet, sodass auf der Henrichshütte zunächst kein Arbeitskräftemangel herrschte. Erst als mit der deutschen Munitionskrise im Herbst 1914 weitere Betriebe für Herstellung und Bearbeitung von Geschossen gesucht wurden, die Henrichshütte war aufgrund ihrer Gießereien und Werkstätten dafür prädestiniert, fehlten ihr zusätzliche Arbeitskräfte. Ab Frühjahr 1915 ersetzten wie in anderen kriegswichtigen Unternehmen auch deutsche Frauen und Jugendliche, Kriegsgefangene und mehr oder minder freiwillige Zivilarbeiter aus den von Deutschland besetzten Gebieten sowie aus den neutralen Nachbarstaaten die einberufenen Soldaten auf der Henrichshütte. Zunächst übernahmen jedoch deutsche Frauen und Jugendliche die durchaus schweren körperlichen Arbeiten im Hüttenwerk. Ab 1. Juli 1915 arbeiteten die ersten hundert Kriegsgefangenen auf der Henrichshütte. Zusammen mit ihrer Wachmannschaft – auf 10 Gefangene kam ein Wachmann – waren sie zunächst in der werkseigenen Menage untergebracht, die infolge der Einberufung gerade der jungen, oft noch unverheirateten Männer zur Verfügung stand. Die ersten sieben belgischen und zwei französischen Zivilarbeiter, angeworben vom Deutschen Industrie-Büro der Nordwestlichen Gruppe des Vereins Deutscher Eisen- und Stahlindustrieller in Brüssel, erreichten am 30. Juli 1915 mit einem Sammeltransport der Bahn die Henrichshütte in Hattingen. Zwei Belgier ließen schon im November 1915 – mit Unterstützung der Werksleitung – ihre Familien nachkommen. Formal entlohnte die Hütte sie wie deutsche Arbeiter. 1916 vermittelte das Deutsche Industrie-Büro der Henrichshütte belgische Fachleute, deren Hüttenwerke von deutscher Seite stillgesetzt worden waren, z. B. Zuschläger, Hochofenarbeiter, zweite Hochofenschmelzer, Gasstocher und Hilfsdreher. Die ausländischen Zivilarbeiter hatten in der Regel zeitlich befristete Arbeitsverträge mit Urlaubs- und Rückreiseanspruch. Nicht so die im Winter 1916/17 deportierten belgischen Arbeiter, die nicht freiwillig einen Arbeitsvertrag unterzeichnet hatten. Sie wurden zur Arbeit gezwungen. Die Anzahl der während des Ersten Weltkriegs auf der Henrichshütte beschäftigten Fremdarbeiter ist nicht bekannt. Es müssen etliche hundert gewesen sein, beschäftigte doch die vergleichsweise unbedeutende Abbruch- und Geschossfabrik Jung & Comp. in Hattingen im letzten Kriegsjahr 220 ausländische Zivilarbeiter und 80 Kriegsgefangene. Im Vergleich zum Zweiten Weltkrieg waren die Zahlen jedoch gering, denn in der Industrie wurden im gesamten Deutschen Reich nur einige hunderttausend Zivilarbeiter und insgesamt ca. 0,5 Millionen von ungefähr 2,5 Millionen Kriegsgefangenen zur Arbeit eingesetzt.

Die Beschäftigung der Kriegsgefangenen in der Rüstungsproduktion – die Henrichshütte war keine Ausnahme, sondern die Regel – entsprach nicht der vom Deutschen Reich mit unterzeichneten Haager Landkriegskonvention, die den Einsatz von Kriegsgefangenen ausschließlich auf solche Bereiche beschränkte, die nicht in einem direkten Zusammenhang mit der Kriegsproduktion standen.

Während im Ersten Weltkrieg Kriegsgefangene und Zwangsarbeiter – trotz zu erwartender schlechterer Arbeitsleistung – wie deutsche Arbeiter entlohnt werden sollten, tatsächlich erhielten sie nur einen Teil ihres Lohnes als nicht frei konvertierbares Lagergeld ausbezahlt, sollte der Zweite Weltkrieg im Umgang mit Kriegsgefangenen und Zwangsarbeitern neue, schreckliche Dimensionen erreichen, auch auf der Henrichshütte.

4.2 Arbeitskräfteeinsatz im Zweiten Weltkrieg

Im Gegensatz zum Ersten Weltkrieg fehlten der deutschen Industrie schon bei Kriegsbeginn Arbeitskräfte. Bedingt durch die Rüstungskonjunktur herrschte im Deutschen Reich seit 1938 Vollbeschäftigung. Einigen Branchen mangelte es sogar schon an Facharbeitern. Mit Beginn des Krieges gegen Polen und der zusätzlichen Einberufung junger Männer verstärkte sich der Arbeitskräftemangel. Da nicht mit einer kurzen Kriegsdauer gerechnet wurde, auch wenn im Westen die heiße Phase des Krieges erst im Mai 1940 einsetzen sollte, suchten alle Unternehmen dringend Ersatzarbeitskräfte für die Einberufenen. Aus ideologischen Gründen sträubte sich die NS-Führung gegen eine Dienstverpflichtung von Frauen. Auch ohne diese Maßnahme übernahmen Frauen schon früh wieder Arbeitsplätze von Männern, sie wurden sogar schon 1940 im Film umworben. Dennoch blieb der Arbeitseinsatz deutscher Frauen während des gesamten Kriegsverlaufs aus NS-ideologischen Gründen prozentual unter der erreichten Höhe im Ersten Weltkrieg. Im Mai 1940 fehlten der Henrichshütte bei einer Belegschaft von 5.869 Mitarbeitern zusätzlich 962 Arbeitskräfte, davon 52 % Facharbeiter. Die Werksleitung musste im Stahlwerk einen von sieben Siemens-Martin-Öfen stilllegen und in der Eisengießerei gelernte Facharbeiter für Hilfsarbeiten einsetzen. Zusätzlich zur werksinternen Arbeitskräfteumsetzung erhöhte die Werksleitung wie andere Unternehmen auch die tägliche Arbeitszeit auf 10 Stunden, und stellte zusätzlich 240 Mann aus der Herforder Möbelindustrie – zugewiesen vom Landesarbeitsamt – als Facharbeiter ein, unabhängig von ihrer Berufungsausbildung und der tatsächlich benötigten Qualifikation. Im Vergleich zum Ersten Weltkrieg erfolgte die Arbeitskräfteumsetzung innerhalb der deutschen Wirtschaft mindestens zwei Jahre früher, der Einsatz von Kriegsgefangenen und ausländischen Zivilarbeitern jedoch ungefähr zeitgleich. Die ersten hundert französischen Kriegsgefangenen trafen am 2. August 1940 – fast ein Jahr nach Kriegsbeginn – auf der Henrichshütte ein, einen Tag später zwanzig zivile niederländische Fremdarbeiter. Es sollten weitere hunderte folgen, die schließlich in elf Lagern, das größte Kriegsgefangenenlager auf dem Werksgelände fasste 920 Personen, sowie in großen Wirtshaussälen oder – wie im Ersten Weltkrieg – im Ledigenwohnheim der Henrichshütte untergebracht waren. Im letzteren lebten ab 1943 privilegierte niederländische Angestellte in Zweibettzimmern mit Zentralheizung, fließendem Wasser und Toiletten auf der Etage.

Die Unternehmensleitung der Ruhrstahl AG machte sich im Verlauf des Krieges durchaus Gedanken über den optimalen Arbeitseinsatz der ihr zugewiesenen Kriegsgefangenen und Zwangsarbeiter. Schon seit den 1920er-Jahren gab es auf der Henrichshütte dafür eine Psychotechnische Abteilung. Ab 1943, als das Arbeitskräftereservoir des deutschen Machtbereichs immer knapper wurde, unterzog die Ruhrstahl AG auch ihre Fremdarbeiter und Kriegsgefangenen einer psychotechnischen Eignungsprüfung, um ihre handwerklichen und geistigen Fähigkeiten festzustellen. Die unbekannte Dauer des Abnutzungskrieges an mehreren Fronten zwang die Ruhrstahl AG zur betriebswirtschaftlichen Rationalität beim Einsatz ihrer ausländischen Arbeitskräfte, die in Spitzenzeiten die Hälfte ihrer Belegschaft ausmachte. Dank dieser Eignungstests konnte jeder Siebte im eigenen Beruf und fast jeder Dritte als angelernter oder umgeschulter Spezialarbeiter eingesetzt werden und nur jeder zweite musste als Hüttenarbeiter Hilfsdienste leisten. Der Einsatz solcher Eignungstests zur Optimierung des Arbeitskräfteeinsatzes war in der deutschen Kriegswirtschaft nicht üblich. Diese Tests und das Bemühen um Vereinfachung der Produktionsverfahren dürfte den über dem Durchschnitt für die Metall verarbeitende Industrie (30 %) liegenden hohen Anteil von Fremdarbeitern auf der Henrichshütte (50 %) erklären.

Der im weiteren Verlauf des Krieges sich weiter verschärfende Arbeitskräftemangel des deutlich schrumpfenden Großdeutschen Reiches dürfte die Unternehmensleitung der Ruhrstahl AG im Mai 1944 veranlasst haben, nicht nur auf den berufs- und vorbildungsorientierten Einsatz ihrer Fremdarbeiter Wert zu legen, sondern auch auf eine ausreichende Ernährung. Nicht humanitäre Überlegungen sondern eine sogenannte betriebswirtschaftliche Rationalität veranlasste die Ruhrstahl AG, sich Gedanken über die steigende Krankenrate, die hohen Unfallzahlen sowie über die ungewöhnlich hohe Fluktuation von annähernd 50 % bei den Fremdarbeitern zu machen. Faktisch wurde jede

Arbeitsstelle zweimal mit einem Fremdarbeiter besetzt, was doppelte Einarbeitungszeit bedeutete und betriebswirtschaftlich wenig Sinn machte. Hierzu initiierten Albert Vögler als Aufsichtsratsvorsitzender der Vereinigte Stahlwerke AG zusammen mit dem Vorstandsmitglied der Ruhrstahl AG Kurt Schmitz und den beiden Gauleitern von Westfalen-Süd und Westfalen-Nord beim Reichsminister für Ernährung und Landwirtschaft Herbert Backe die sogenannte Kraut-Aktion, benannt nach Prof. Heinrich Kraut, dem Leiter der Physiologisch-chemischen Abteilung am Kaiser-Wilhelm-Institut für Arbeitsphysiologie in Dortmund. Etliche warfen Kraut vor, in menschenverachtenden Versuchen die minimal notwendige Kalorienzahl ermittelt zu haben. Tatsächlich ging es jedoch nicht darum, die Lebensmittelrationen für Zwangsarbeiter weiter zu reduzieren, vielmehr sollten die Verpflegung auf 90 bis 100 % der deutschen Rationen erhöht werden. Ziel war es, die Arbeitsleistung der Fremdarbeiter und Kriegsgefangenen zu steigern durch Senkung des Krankenstandes, der Unfallhäufigkeit und Steigerung der jeweiligen Schichtleistung. Das Vorhaben stand im Widerspruch zur NS-Ideologie, die insbesondere die sogenannten Ostarbeiter rassenideologisch als minderwertig, als Untermenschen ansah, die weniger Nahrung erhalten sollten. Die Zustimmung des Reichsministers zu den Versuchen wurde dadurch erreicht, dass bei Steigerung der Gesundheit und der individuellen Leistungsfähigkeit der Fremdarbeiter die am Versuch beteiligten Unternehmen Arbeitskräfte an die Landwirtschaft sowie an andere Gewerbe abgeben konnten, wo sie ebenfalls dringend benötigt wurden.

Noch bevor die ersten Ergebnisse der noch laufenden ernährungsphysiologischen Untersuchungen vorlagen, erhielten die Fremdarbeiter ab 26. Juni 1944 eine Reichszulage für die Lebensmittel-Zuteilungsperiode bis 20. August 1944, die ihre Ernährungssituation etwas verbesserte. Wesentliche Verbesserungen der Lebenssituation der Fremdarbeiter hat die Kraut-Aktion nicht erreicht, dazu hätte z. B. auch die Urlaubssperre für Zivilarbeiter aufgehoben werden müssen. Die Erwartungen der Kriegsgefangenen und Fremdarbeiter an die Verbesserung ihrer Lebenssituation, nicht nur ihrer Ernährungslage, dürfte zu hoch gewesen sein, dazu gehörte auch das Lagerleben und die darin ermöglichten Freizeitaktivitäten. Die Henrichshütte besaß nicht nur elf Lager für die unterschiedlichsten NS-Kategorien vom Kriegsgefangenen und Fremdarbeiter, sondern auch ein sogenanntes Auffanglager, das der Gestapo unterstand. In Hattingen und Umgebung gab es jedoch kein KZ-Außenlager mit Inhaftierten, die für die Henrichshütte arbeiten mussten. Doch auch die Situation im Auffanglager muss sehr bedrückend gewesen sein. In ihm waren Gefangene des Strafgefängnisses Bochum untergebracht, die sich z. B. des Kontraktbruches schuldig gemacht hatten, d. h. z. B. Weihnachten nicht zur Arbeit erschienen waren. Das Auffanglager hatte die Funktion eines Arbeitserziehungslagers und muss im Sommer 1944 errichtet worden sein. Die Henrichshütte stellte Unterbringung, Verpflegung nach den Vorgaben für russische Kriegsgefangene, ärztliche Betreuung und die Wachmannschaft. Dafür musste sie den bis zu 384 Gefangenen keinen Lohn zahlen.

Über das Kriegsende, die Werksbesetzung und die Befreiung der Fremdarbeiter und Kriegsgefangenen ist bisher wenig bekannt. Als displaced persons wurden Letztere nach Kriegsende repatriiert , was insbesondere für Kriegsgefangene und Zwangsarbeiter aus der Sowjet-Union oftmals der Beginn eines erneuten Leidenswegs bedeutete, da das Stalinistische System sie unter den Generalverdacht des Vaterlandsverrats und der Kollaboration stellte.

5. Fazit

Vergleicht man Rolle und Verhalten der Henrichshütte im Ersten und Zweiten Weltkrieg, so kann man Folgendes thesenartig feststellen:

- Beide Male war die Henrichshütte ein unselbstständiges Werk, das sich zu Kriegsbeginn auf modernsten technischem Stand befand. Während das Werk vor dem Ersten Weltkrieg ausschließlich für zivile Zwecke, vornehmlich für den neuen Eigentümer Henschel & Sohn, der führenden deutschen Lokomotivfabrik, produzierte, wurde die Henrichshütte ab 1936 modernisiert und auf die Fertigung u. a. von Panzergehäusen ausgerichtet. Sie war Teil der von Walter Borbet im Rahmen der NS-Autarkie- und Kriegspolitik geplanten Rüstungsgruppe der Vereinigten Stahlwerke, mit der er in Konkurrenz treten wollte zur Firma Krupp und deren Rüstungsprodukten und deren Qualitätsstahl. Schon 1940 war wertmäßig 50 % der Fertigung auf der Henrichshütte unmittelbar oder mittelbar für die Wehrmacht bestimmt. Während des Krieges sollte die Panzerfertigung ein Viertel des Umsatzes ausmachen. Jedes vierte Panzergehäuse des leichten Panzerkampfwagens Panther montierte die Henrichshütte mit eigenen Blechen.
- Im Ersten Weltkrieg wurde die Henrichshütte erst 1916 auf eine Rüstungsfer tigung über die bisherige Produktion von Geschoßhülsen hinaus ausgerichtet. Der Eigentümer Karl Henschel wollte offenbar schon damals in Konkurrenz zur Firma Krupp eine eigenständige Rüstungsfertigung aufbauen, bei der die Henrichshütte die Rolle des Qualitätsstahlerzeugers und Fabrikanten von Geschützrohren, geschmiedeten Flugzeugmotorenteilen, Hochdruckbehältern für die synthetische Stickstofferzeugung und Kurbelwellen für Torpedoboote übernahm.
- Zu Beginn des Ersten Weltkriegs wurde viel stärker als bei Ausbruch des Zweiten Weltkriegs die Produktion heruntergefahren, weil man im ersten Fall

von einer kurzen Kriegsdauer ausging, während man 1939/40 nicht an einen so kurzen Krieg im Westen glaubte und daher versuchte, trotz Einberufungen die Produktion mit allen möglichen Personalmaßnahmen hochzuhalten, denn es herrschte schon seit 1938 Vollbeschäftigung und Facharbeitermangel.
– Im Zweiten Weltkrieg setzte die Henrichshütte umfangreicher (und zum Teil effektiver) Maschinen und Fremdarbeiter ein als während des Ersten Weltkrieges. Fast jeder zweite Arbeiter war gegen Ende des Krieges ein Kriegsgefangener, Zwangsarbeiter oder ausländischer Zivilarbeiter. Damit lag die Henrichshütte über dem Durchschnitt vergleichbarer Werke. Der Anteil der eingesetzten deutschen Frauen erreichte – zum Teil aus NS-ideologischen Gründen – nicht den während des Ersten Weltkriegs.

Granatenproduktion im Zweiten Weltkrieg (LWL-Industriemuseum)

55

Freiwillige von Welper (LWL-Industriemuseum)

Martin Neiß

Die Hungerkatastrophe des Ersten Weltkriegs und ihre Auswirkungen auf das Leben in Hattingen[1]

Einleitung

Die deutsche Hungerkatastrophe des Ersten Weltkriegs stellte für die damalige Bevölkerung ohne Frage einen drastischen Einschnitt dar. Zwar steht die Lebensmittelknappheit, so bedrohlich sie den Zeitgenossen auch erschienen sein mag, in keinem Verhältnis zu den Hungerkatastrophen vorhergehender Jahrhunderte, doch war der Mangel im Alltag der Menschen allgegenwärtig, prägte entscheidend ihre Lebensweise und ließ sie immer neue Strategien entwickeln, um einerseits das bloße Überleben zu sichern und andererseits das tägliche Leben so erträglich wie möglich zu gestalten. Obwohl der Forschung für diese Zeit kaum absolute Zahlen über Nahrungsmittelproduktion und -konsum vorliegen, ist es anhand von Speiseplänen möglich, den Nahrungsmittelverbrauch einzelner Familien über einen gewissen Zeitraum wiederzugeben und davon allgemeine Schlussfolgerungen zur Ernährungslage im Deutschen Reich abzuleiten.[2]

Wie aber wirkte sich die mangelhafte Lebensmittelversorgung während des Ersten Weltkriegs konkret auf das Leben der Menschen aus? Der vorliegende Aufsatz untersucht die Auswirkungen der britischen Seeblockade auf die allgemeine Ernährungslage in Deutschland und wirft vor diesem Hintergrund einen Blick auf die lokale Versorgungssituation in Hattingen.

Die Lebensmittelknappheit im Deutschen Reich

Die Verknappung der Lebensmittel während des Ersten Weltkriegs war ein gewaltiger Einschnitt, dessen Auswirkungen noch lange anhielten. Die Hun-

---

1 Vortrag im LWL-Industriemuseum Henrichshütte Hattingen am 13.06.2014.
2 Vgl. die Besprechung des Forschungsstands in: Alon Confino/ Rudy Koshar: Régimes of Consumer Culture: New Narratives in Twentieth-Century German History, in: German History 19/2 (2001), S. 135–161, hier: S. 142.

gersnot endete weder am 9. November 1918 noch am 28. Juni 1919, sondern die Mangelsituation hielt noch etwa ein Jahrzehnt an.[3] In Bezug auf den Fleischkonsum wurde das Vorkriegsniveau sogar erst wieder in den 1950er Jahren erreicht.

Die Hauptursachen für die Verknappung waren neben dem kriegsbedingten Ausfall von Importen auch der Rückgang der Produktionsmenge und -qualität sowie die Zurückhaltung von Gütern durch ländliche Produzenten und Zwischenhändler, welche sich wirtschaftliche Vorteile davon versprachen.[4] Zudem wurde durch die Misswirtschaft der Regierung ein zusätzlicher Mangel erzeugt. Die Menge der zurückgehaltenen Güter stellt die in der Forschung meistdiskutierte Dunkelziffer der Kriegszeit dar, zumal hier keinerlei statistisches Zahlenmaterial vorliegt.[5] Grund dafür ist der ausufernde Schwarzmarkt, über den ein Großteil der Lebensmittel angeboten wurde.

Direkt zu Beginn des Krieges kam es in Deutschland zu einer ersten großen Lücke bei der Lebensmittelversorgung. Da die britische Seeblockade, die die deutsche Wirtschaft im weiteren Verlauf des Krieges entschieden schwächte, zu diesem Zeitpunkt noch nicht griff, war dieser Mangel direkt auf die Mobilmachung zurückzuführen. Die Einkäufer des Heeres kauften in den ersten Kriegswochen die Märkte leer, vor allem Fleisch und Getreide zu sehr hohen Preisen.[6] Das Resultat waren ein Rückgang des Angebots und steigende Preise, was die Bevölkerung zu ersten Panikkäufen veranlasste, wodurch sich die Lage kurzfristig noch verschärfte. Das Angebot wurde allerdings auch dadurch verringert, dass durch den hohen Bedarf des Militärs an Transportmitteln kurz nach der Mobilmachung eine geregelte Versorgung über die Schiene kurzfristig nicht möglich war.[7]

Besonders drastisch wirkte sich dies auf die Margarineindustrie aus, die fast vollständig auf Importe angewiesen war. Margarine war für die meisten Menschen in der Bevölkerung das wichtigste Speisefett geworden: ein Mangel führte unmittelbar zu einer flächendeckenden Unterversorgung mit Fetten.

Die deutsche Landwirtschaft als wichtigste Säule der Lebensmittelversorgung litt allgemein vor allem unter der unzureichenden Versorgung mit Kunstdünger. Bereits ab Ende August 1914 dürften keine direkten Importe von

---

3   Sigrid und Wolfgang Jacobeit: Illustrierte Alltags- und Sozialgeschichte Deutschlands. 1900–1945, Münster 1995, S. 242.

4   Ute Daniel: Arbeiterfrauen in der Kriegsgesellschaft. Beruf, Familie und Politik im Ersten Weltkrieg, Göttingen 1989, S. 183.

5   Daniel 1995, S. 183.

6   Roger Chickering: Freiburg im Ersten Weltkrieg. Totaler Krieg und städtischer Alltag. 1914–1918, Paderborn 2009, S. 155.

7   Chickering 2009, S. 158.

Chilesalpeter mehr nach Deutschland gelangt sein.[8] Da Landwirtschaft und Rüstungsindustrie, für die Salpeter Grundstoff für die Schwarzpulverproduktion war, um den geringen Bestand konkurrierten, wurde der Preis zusätzlich in die Höhe getrieben, wobei die Rüstung, vom Kriegsministerium unterstützt, grundsätzlich jeden Preis zu zahlen bereit war. Bereits im Dezember 1914 forderte das preußische Kriegsministerium eine Begrenzung der Salpeterpreise, da man diese für unangemessen hoch hielt.[9] Viele Lebens- und Düngemittel wanderten direkt in die Rüstungsproduktion, etwa 2/3 des produzierten Zuckers, der als Ersatz für Glycerin diente, und ebenso viel Stickstoff für die Munitionserzeugung.[10] 1915 standen nur noch 23% der bisherigen Menge an Stickstoffdünger für die Landwirtschaft zu Verfügung. Daraus resultierte ein deutlicher Rückgang des Bodenertrags. Auch Futtermittel wurde auf diese Weise knapper, was zu einem geringeren Schlachtgewicht und verminderter Milchleistung führte. Wie ernst die Zustände waren, zeigt ein Schreiben des westfälischen Zentralviehhandelsverbands von 1916. Dort wird beschrieben, dass auf einer der größten Sammelstellen von Schlachtvieh die Zufuhr an Milchkühen, die noch immer viel Milch gaben, so groß war, dass sich täglich eine beträchtliche Anzahl von Frauen und Mädchen einfand, die die Ställe und selbst die Viehzüge zu allen Tages- und Nachtstunden aufsuchten, um die Milchkühe zu melken. In dem Schreiben wird ausdrücklich darauf hingewiesen, dass es sich hierbei nicht um Einzelfälle, sondern die Regel handele und durch das Abschlachten Tausender von Milchkühen die Milch- und Butternot von Woche zu Woche zunehmen werde.[11]

Die Rationen von Grundnahrungsmitteln schrumpften in der zweiten Kriegshälfte auf ein kümmerliches Maß zusammen. So entsprach die durchschnittliche Zuteilung an Nahrungsmitteln einem Tagesverbrauch von nur noch 1.000 bis 1.200 Kalorien.[12]

Psychologische Aspekte scheinen zu Beginn des Krieges die Situation auf dem Lebensmittelmarkt verschärft zu haben. Hamsterkäufe führten zum Teil zu drastischen Preissteigerungen, was in der Bevölkerung den Eindruck erweckte, die Lebensmittel seien bereits kurz nach der Mobilmachung äußerst knapp.

---

8   Sando Fehr: Die Stickstofffrage in der deutschen Kriegswirtschaft des Ersten Weltkriegs und die Rolle der neutralen Schweiz, Nordhausen 2009, S.68.

9   Regina Roth: Staat und Wirtschaft im Ersten Weltkrieg. Kriegsgesellschaften als kriegswirtschaftliche Steuerungsinstrumente, Berlin 1997, S. 291.

10 Daniel 1989, S. 184.

11 Schreiben des westfälischen Viehhandelsverbands Münster, Leitung Dr. Wilsdorf, an die Nachrichtenstelle des Zentralviehhandelsverbands Berlin, GNr. 1368, vom 30.07.1916, in: Stadtarchiv Hattingen, Bestand SHC6-601.

12 Ulrich Kluge: Agrarwirtschaft und ländliche Gesellschaft im 20. Jahrhundert, München 2005, S. 14.

Dies wiederum führte zu weiteren panikartigen Käufen, obwohl zu diesem Zeitpunkt noch kein Mangel bestand. Besonders im Kleinhandel war daher die Versuchung groß, Waren zurückzuhalten und so die Preise in die Höhe zu treiben.[13] Das Horten und Zurückhalten von Waren wurde durch zwei Faktoren ausgelöst, die sich in einer Wechselwirkung gegenseitig beeinflussten. Zum einen befürchtete der Staat eine verstärkte Geschäftemacherei mit Lebensmitteln zu Beginn des Krieges, und die Behörden bedienten sich des einzigen Mittels, dass ihnen zur Verfügung stand, um dies zu unterbinden: der Höchstpreise.[14] Zum anderen aber wurde mit den Höchstpreisverordnungen der Handel mit Lebensmitteln überhaupt erst zu einem äußerst lukrativen Geschäft. Der Staat wiederum reagierte auf diese Entwicklung mit der Rationierung von Produkten, was viele Waren für den Schwarzmarkt noch attraktiver machte, da die dortigen Preise ja deutlich über denen des normalen Handels lagen. So bot man viele Produkte lieber über den Schwarzhandel als über den regulären Handel an, da hier eine wesentlich höhere Gewinnspanne für alle Beteiligten zu erwarten war. Die entscheidenden Schwarzmarktfaktoren waren somit das Hamstern und die Spekulation, woraus sich schließlich der so genannte Kettenhandel entwickelt: Händler kauften Waren auf, von denen sie annahmen, dass ihre Preise aufgrund der zunehmenden Nachfrage in Zukunft deutlich steigen würden. Diese Waren wurden nun nicht direkt dem Endverbraucher angeboten, sondern einem anderen Spekulanten, der den Wiederverkaufspreis ebenfalls erhöhte. Durch diesen Kettenhandel stiegen die Preise für begehrte Lebensmittel in extreme Höhen.[15] Hervorgerufen wurde dieses System erst durch die Verordnung über das Verbot der „übermäßigen Gewinnsteigerung". Dadurch konnten zwar einzelne Händler nicht mehr so viel Gewinn wie zuvor einfahren, steigerten stattdessen allerdings Umsatzmenge und -geschwindigkeit. Man kaufte größere Warenmengen, um diese gleich darauf an den nächsten Zwischenhändler zu veräußern. Da jeder Händler eine Gewinnmarge auf den Kaufpreis aufschlug, stieg der Preis, den der Endverbraucher zu zahlen hatte, letztendlich um ein Vielfaches. Der Kettenhandel wurde am 24. Juni 1916 verboten, konnte jedoch nie ganz unterbunden werden.[16] Ohne die zusätzliche Versorgung über illegale Quellen war es den Menschen überhaupt nicht mehr möglich, den täglichen

---

13 Roerkohl, Anne: Hungerblockade und Heimatfront, die kommunale Lebensmittelversorgung in Westfalen während des Ersten Weltkrieges, Stuttgart 1991, S. 68.

14 Nübel schreibt diesbezüglich: Die Handelspreise unterlagen gewaltigen Steigerungen, so erhöhten sich die Preise für Butter im westfälischen Kleinhandel von 1914-1918 um 175%, die für Kartoffeln um 110%. Zit. nach: Christoph Nübel: Die Mobilisierung der Kriegsgesellschaft, Propaganda und Alltag im Ersten Weltkrieg in Münster, Münster 2008, S.139.

15 Roerkohl 1991, S. 262.

16 Daniel 1989, S. 206.

Kalorienbedarf wenigstens halbwegs zu decken. Wenn man genug Geld besaß, stellte es keine Schwierigkeit dar, die Speisegewohnheiten der Vorkriegszeit beizubehalten. Über den Schleichhandel waren fast alle Arten von Lebensmitteln zu beziehen, wenn man bereit und in der Lage war, auch Wucherpreise dafür zu zahlen. Spätestens ab dem Winter 1916/17 war die Versorgungslage jedoch für die Mehrheit der deutschen Bevölkerung so katastrophal, dass der Hunger ein flächendeckendes Problem wurde und es zu Mangelerkrankungen und Todesfällen kam.[17]

Ein wirksames Mittel für die Lebensmittelversorgung der unteren Schichten, der Krieger- und Arbeiterfamilien, war die Massenspeisung, da man hier die Bevölkerung am effizientesten mit den vorhandenen Lebensmitteln und Heizmaterial versorgen konnten.[18] Daher wurden immer wieder Forderungen laut, die gesamte Bevölkerung mit Massenspeisungen zu versehen und das private Kochen zu untersagen.[19] Allerdings nahmen die Menschen die Kriegsküchen nur widerwillig an.[20] Viele lehnten diese Form der Verpflegung ab, da sie in der Öffentlichkeit nicht als bedürftig gelten wollten, aber wohl auch, weil die dort ausgegebenen Speisen in der Qualität häufig zu wünschen übrig ließen.[21] Neben den Kriegsküchen gaben auch Gasthäuser Lebensmittel gegen Bezugsscheine aus, jedoch zu wesentlich höheren Preisen, die sich längst nicht alle Bürger leisten konnten. Trotz Höchstpreisverordnung und Rationierung war hier vieles erhältlich, was auf dem freien Markt nicht zu bekommen war.[22] Viele Gastwirte erwiesen sich als äußerst erfinderisch, wenn es darum ging, Wege zu ermitteln, wie man die Vorschriften umgehen konnte. Beispielsweise war Brotbelag von der Fleischrationierung ausgenommen und viele Gastwirte nutzten dies aus, indem sie unter jedes Stück Fleisch, welches sie servierten, eine Scheibe Brot legten.[23] Um an größere Fleischrationen heranzukommen, war es zudem gängige Praxis, den Menschen, die sich überhaupt kein Fleisch leisten konnten, die Fleischkarten abzukaufen.

Die größten Probleme während der Seeblockade bestanden hinsichtlich einer ausreichenden Versorgung der Bevölkerung mit Fetten und tierischen

---

17 Dietmar Molthagen: Das Ende der Bürgerlichkeit? Liverpooler und Hamburger Bürgerfamilien im Ersten Weltkrieg, Göttingen 2007, S. 123. Im Folg. zit. als:.

18 Belinda Davis: Home Fires Burning. Food, Politics and Everyday Life in World War I, Berlin/ Chapel Hill 2000, S.137.

19 Davis 2000, S. 157.

20 Roerkohl 1991, S. 238.

21 Nübel 2008, S. 152.

22 Roerkohl 1991, S. 257.

23 Schreiben des Ministers des Inneren Karl Helffrich an die Regierungspräsidenten, V 15408, vom 22.07.1916, in: Stadtarchiv Hattingen, Bestand SHC6-601.

Produkten. Um der zahlreichen Engpässe Herr zu werden, begab man sich auf die Suche nach Ersatzstoffen und Ressourcen, denen man vor dem Krieg nur wenig Bedeutung beigemessen hatte.[24] In der Brotherstellung griff man zunächst auf andere Getreidearten und auf Kartoffeltrockenprodukte zurück, später, ab dem Winter 1916/1917, auch auf Kohlrüben, was jedoch zu Protesten führte. Auch Kastanien, Eicheln, Nüsse, Wurzelmehl und Buchenknospen kamen in der Produktion zum Einsatz. Experimente mit dem Zusatz von Blut riefen jedoch allgemein eher Ekel hervor und wurden verworfen.[25]

Als ideales Produkt zur effizienten Verwendung aller tierischen Bestandteile eignete sich die Wurst mit Abstand am besten. Die Qualität der Wurstwaren verschlechterte sich während des Krieges, weil der enthaltene Fleischanteil kontinuierlich gesenkt werden musste und hochwertiges Fleisch immer mehr durch minderwertige Ware ersetzt wurde. So durften die Wurstfabriken zu Beginn des Jahres 1916 nur noch ein Drittel der im letzten Vierteljahr verwendeten Fleischmenge verwenden. Um dennoch ein Produkt mit entsprechendem Gewicht herzustellen zu können, griff man auf Pilze, Stickstoff, Blattgemüse, Kochsalz und vor allem Wasser zurück. Der Wasseranteil konnte hier durchaus bei über 80 % liegen.[26] Der Fettanteil sank dabei auf unter 5 %. Mit der Einführung der Fleischkarte im Frühjahr 1916 galt Wurst nicht länger als Fleischware, da nun nicht mehr jedes Tier und jeder Tierbestandteil unter dem Begriff „Fleischware" erfasst wurde. Es erschien eine Fülle von neuen Vorschriften, die regelten, was genau unter Fleisch und Fleischwaren zu verstehen sei.[27] Pferde-, Ziegen- und Kaninchenfleisch etwa fanden in der Wurstproduktion immer mehr Verwendung, da es nicht unter eine Bezugsscheinverordnung fiel. Auch Blut wurde so zu einem begehrten Rohstoff. Der Magistrat von Danzig hatte in eigener Regie eine so genannte Kriegswurst produzieren lassen, zu deren Herstellung er verfügt hatte, dass jeder, der in Danzig Rinder gewerblich schlachtete, verpflichtet war, Lungen, Blut, Euter und Füße zuerst ihm zum Kauf

---

24 Roerkohl 1991, S. 223.

25 Roerkohl 1991, S. 218.

26 Roerkohl 1991, S. 221.

27 Eine solche Verordnung besagte: §1:[...] vom Fleische losgelöste Knochen, Euter, Füße, mit Ausnahme der Schweinepfoten, Flecke, Lungen, Därme (Gekröse), Gehirn und Flotzmaul, ferner Wildbruch, einschließlich Herz und Leber, sowie Wildköpfe gelten nicht als Fleischwaren. Zitiert nach: Verordnung über die Regelung des Fleischverbrauchs vom 21.08.1916, Reichs-Gesetzbl. 1916 S941, in: Stadtarchiv Hattingen, Bestand SHC6-601; in einer anderen Vorschrift hieß es: §3: Zur gewerbsmäßigen Herstellung von Wurstwaren darf nicht mehr als ein Drittel des Gewichts von ausgeschlachteten Rindern, Schweinen und Schafen verarbeitet werden. Die Verarbeitung von inneren Teilen und des Blutes wird durch die Beschränkung nicht betroffen. Zitiert nach: Sammlungen von Verordnungen betr. Kriegsmaßnahmen No. 97, Bundesratsverordnung über die Beschränkung der Herstellung von Fleischkonserven und Wurstwaren vom 31.01.1916, in: Stadtarchiv Hattingen, Bestand SHC6-601.

anzubieten.[28] Auch der Verzehr von Fleisch und Fleischerzeugnissen, die man vor dem Krieg noch als ungenießbar bezeichnet hätte, wurde gefördert. Dies betraf ebenfalls die Verwertung kranker Tiere. So wurde im Zusammenhang mit Trichinoseerkrankungen, ausgelöst durch kontaminiertes Fleisch aus dem Ausland, das durch mangelhafte Kontrollen in den deutschen Handel gelangt war, lapidar vermerkt, dass man die Kontrollen zwar gewissenhafter durchführen sollte, man aber auch die Verbraucher darauf hinweisen solle, dass sie das Fleisch nur ausreichend durchgaren müssten.[29] Im August 1918 erkrankten bei einer Massenvergiftung durch Pferdefleisch in Kamen 434 Menschen, von denen 21 schließlich starben.[30] An anderer Stelle war verdorbene Wurst in den Handel gelangt. Der Hersteller behauptete, dass die schlechte Qualität nicht auf die Produktion zurückzuführen sei, sondern auf die langen Transportwege und den unsachgemäßen Umgang. So sei die Wurst, bei der es sich um Frischware und nicht um Dauerware handelte, oft vier bis sechs Tage ungekühlt unterwegs und würde nicht wie vorgesehen sofort zum Verkauf gebracht. Man versicherte jedoch, dass Schmierfilm, Schimmel oder ein säuerlicher Geschmack keinesfalls gesundheitsschädlich seien.[31] Auch das Fleisch aus den Abdeckereien sollte nicht ohne Weiteres entsorgt, sondern zur Ernährung verwendet werden.

Die hier entstehende so genannte Surrogatindustrie machte sich die allgemeinen Engpässe und die Unwissenheit der Bevölkerung zunutze. Der Markt wurde förmlich überschwemmt mit Stoffen, die zwar zum großen Teil nicht unbedingt gesundheitsschädlich waren, sich aber auch nicht positiv auf die Ernährung der Menschen ausübten.[32] Man nutzte die allgemeine Not aber auch aus, um völlig wertlose Produkte als gesundheitsförderlich zum Verkauf anzubieten. Die Ergänzungsprodukte wurden als „ärztlich glänzend begutachtet und vielfach empfohlen" angepriesen. Auch wurde behauptet, sie seien „unter ständiger Kontrolle eines öffentlichen Chemikers" hergestellt worden. Das preußische Innenministerium brandmarkte diese Anpreisung als

---

28 Schreiben des Regierungspräsidenten Alfred Georg von Bake an den Minister des Inneren Karl Helffrich, Betreff: Versorgungsregelung, Gesch.-Nr. P.2.2604, vom 22.07.1916, in: Stadtarchiv Hattingen, Bestand SHC6-601.

29 Schreiben des Ministers des Inneren Karl Helffrich an die Regierungspräsidenten und Polizeipräsidenten, M. 12658, vom 03.08.1917, in: Stadtarchiv Hattingen, Bestand SHC6-600.

30 Roerkohl 1991, S. 219.

31 Schreiben der Provinzialfleischstelle Westfalen, Abt. B. Westfälischer Viehhandelsverband an den Landrat, Betreff: Versand und Behandlung von Wurstwaren vom 29.05.1917, in: Stadtarchiv Hattingen, Bestand SHC6-600; Schreiben der Kreismetzgerei Hattingen an den Kreiskommunalverband vom 18.07.1917, in: Stadtarchiv Hattingen, Bestand SHC6-600.

32 Roerkohl 1991, S. 218.

„eine gröbliche Irreleitung und Ausbeutung der Bevölkerung". Aus Rücksicht auf die Lebensmittelindustrie schritt man jedoch nicht ein. Bis zur Surrogatwelle 1916 galt für die staatlichen Prüfstellen das Primat des Preises vor der gesundheitlichen Frage. Für die Unternehmen waren der Handel und die Herstellung von Surrogaten zu einem riesigen Markt mit immensem Gewinnpotenzial geworden. Man konnte auf diese Weise unglaublich viel Geld in kürzester Zeit verdienen, wobei die Produktionskosten durch möglichst billige Grundstoffe so kostengünstig wie nur eben möglich gehalten wurden.[33] In Charlottenburg hatte beispielsweise ein Bäckermeister namens Friedrich Richter eine Firma zur Herstellung von so genanntem „Sparfleisch" gegründet. Dort bleichte man Blut mit Wasserstoffperoxyd und ließ es zu einer festen Masse gerinnen. Diese wurde dann als Ersatz für Wurst, Hackbraten oder Fleischklößchen angeboten.[34]

Der bedeutendste Ersatzstoff und das Sinnbild der Hungerblockade schlechthin war die Steckrübe. Mit ihr konnten so gut wie alle Lebensmittel gestreckt werden, weshalb sie gegen Ende des Krieges in beinahe allen Lebensmitteln enthalten war. Der allgegenwärtige Rübengeschmack wurde zunehmend als unerträglich empfunden, was sich gegen Ende des Krieges zu einem noch lange anhaltenden Trauma in der Bevölkerung manifestierte.[35] Bei der Kohlrübe scheiterten sogar die ansonsten so erfolgreichen Werbestrategien der Ersatzmittelindustrie, die sie nur noch heimlich und unter anderem Namen der Bevölkerung anbieten konnte. Der so genannte Morgentrank, eine Art Kaffeeersatz aus Steckrüben, wurde als wertvoller Eiweißlieferant gepriesen.[36] Sogar eine Art Marmelade, das so genannte Kriegsmus, wurde aus der Steckrübe hergestellt. Hierbei war die Bevölkerung sogar dazu gezwungen, dieses zu kaufen, wollte man nicht auf die sonst üblichen Brotaufstrichmittel wie Kunsthonig, Obstmarmelade und Rübenkraut verzichten, denn deren Abgabe war an den Kauf von Kriegsmus gekoppelt.[37] Auch der Steckrübenanteil im Brot nahm gegen Ende des Krieges immer weiter zu. Es wurden Vorschriften herausgegeben, wie die Steckrübe zu kochen und zu verarbeiten sei, um den ihr eigentümlichen Geschmack, der wohl von vielen Menschen als ausgesprochen unangenehm empfunden wurde, zu überdecken. In diesen Kochvorschriften findet sich eine Vielzahl von Rezepten, in denen die Steckrübe einmal als Fleischersatz, einmal als Kartoffelsatz und manchmal sogar als Puddingbestandteil vorgesehen

---

33 Roerkohl 1991, S. 218-221.

34 Schreiben des Ministers des Inneren Karl Helffrich an alle Regierungspräsidenten, V. 13397, vom 24.09.1915, in: Stadtarchiv Hattingen, Bestand SHC6-601.

35 Roerkohl 1991, S. 224.

36 Roerkohl 1991, S. 294.

37 Roerkohl 1991, S. 223.

war.[38] Schließlich wurden auch Gewürze und anderes Gemüse immer seltener, weshalb sich der Geschmack der Steckrübe nicht mehr weiter kaschieren ließ. Anfang 1917 wurde der Mangel an Nahrungsmitteln so dramatisch, dass man der Bevölkerung riet, die Steckrüben zu dörren, um sie auch für das Frühjahr haltbar zu machen, weil man sogar hier einen Mangel befürchtete.[39]

Neben der Suche nach Ersatzstoffen war man auch bemüht, der Nahrungsmittelknappheit durch Sammlungen von Essbarem entgegenzuwirken. Allerdings muss hier deutlich zwischen dem wirtschaftlichen und dem propagandistischen Nutzen der Tätigkeit des Sammelns unterschieden werden. Bereits Ende 1915 fanden die ersten Sammelaktionen im Reich statt, die vornehmlich von Schülern durchgeführt wurden. Gegen Ende des Krieges gingen die Sammlungen deutlich zurück.[40] Der Grund dafür war einerseits die schlechte gesundheitliche Verfassung vieler Jugendlicher aufgrund der Unterernährung, andererseits aber auch die Erkenntnis, dass die Sammlungen für die Volkswirtschaft eigentlich kaum einen Nutzen hatten, sah man einmal von ihrer propagandistischen Wirkung ab. Das Sammeln von Wildkräutern, -obst, -gemüse und Pilzen hingegen entwickelte sich zu einem regelrechten Volkssport. Zunächst schreckten viele Städter davor zurück, selbst in den Wald zu gehen und Pilze zu suchen, da man deren Giftigkeit nicht einschätzen konnte. Zudem stieg die Anzahl der viehhaltenden Haushalte stark an, da die Versorgung der Bevölkerung mit tierischen Produkten über den freien Markt abnahm. Allein in Westfalen war ein Zuwachs von 50% zu verzeichnen. Besonders die Ziegen- und Kaninchenhaltung nahm drastisch zu, während die Geflügelbestände aufgrund von Futtermangel deutlich zurückgingen. Mit zunehmender Kriegsdauer wurden Eier zu einem begehrten Luxusgut.[41]

Eine andere Form der Selbstversorgung bildete vielerorts der eigene Garten. Bereits zu Beginn des Krieges sollte der Kleingartenbau in den Städten besonders gefördert werden. Allerdings stand die Bevölkerung dieser Form der Selbstversorgung zunächst eher skeptisch gegenüber. Zum einen waren Erträge ja zumeist nicht sofort, sondern erst im darauffolgenden Jahr

---

38 Kochvorschriften für Steckrübengerichte, o. D. (vermutlich Dezember 1916), in: Stadtarchiv Hattingen, Bestand SHC6-667.

39 Bekanntmachung zum Umgang mit Steckrüben, o. D. (vermutlich Februar 1917), in: Stadtarchiv Hattingen, Bestand SHC6-667.

40 Roerkohl 1991, S. 54.

41 Bar bemerkt hierzu: Wenn zwar in der Regel nur ein Ei innerhalb von zwei Wochen auf den Kopf der Bevölkerung zur Verteilung gelangte, und diese Zuteilung manchen lächerlich gering erscheint, so darf man doch nicht außer acht lassen, daß nicht nur dieses eine Ei, sondern gleichzeitig soviel Stück dem Versorgungsberechtigten zugeführt werden, wie der Zahl seiner Haushaltsangehörigen entspricht. Bar, Ludwig von: Die kriegswirtschaftliche Regelung der Eierversorgung im Deutschen Reich unter besonderer Berücksichtigung der Organisation in Preußen, Berlin 1919, S. 53.

zu erwarten.[42] Zum anderen waren viele Städter überhaupt nicht in der Lage, ohne vorherige Schulung einen Garten zu bewirtschaften, da sie es nie gelernt hatten. Diese Aufgabe der Schulung übernahm eine Vielzahl neu gegründeter Vereine und Verbände, die in Kursen und Propagandaschriften die Arbeit im Garten erläuterten und Tipps für die optimale Bewirtschaftung lieferten.[43] Ein zunehmender Andrang auf die zur Verfügung stehenden Parzellen war jedoch erst zu verzeichnen, als im Frühjahr 1915 absehbar wurde, dass der Krieg wohl länger dauern würde als zunächst angenommen und die Gemüsepreise dadurch drastisch anstiegen. Die große Nachfrage nach geeignetem Boden führte allerdings auch auf diesem Sektor zu einer Ausprägung der Spekulation. Zunächst wurde Brachland günstig verpachtet, um dann nach einer erfolgreichen Urbarmachung und Kultivierung die Pachtverträge zu kündigen und es zu Wucherpreisen erneut anzubieten. Die Selbstversorgung wurde für viele Städter zu einer Notwendigkeit, obwohl dadurch vielerorts die Not nur in geringem Maße gelindert werden konnte.

Ein weiterer Faktor, der zur Nahrungsmittelknappheit beitrug, war der Arbeitskräftemangel in der Landwirtschaft. Obwohl man bei Kriegsausbruch zunächst eine hohe Arbeitslosigkeit befürchtet hatte, zeigte sich bald, dass das Gegenteil der Fall war. Überall fehlte es an Arbeitskräften, und die Rüstungsindustrie hatte hier in jedem Fall Vorrang. Die Ausfälle in der Landwirtschaft waren gewaltig. 2 Mio. von insgesamt 3,4 Mio. männlichen Arbeitskräften wurden dort im Laufe des Krieges zum Militärdienst eingezogen. Die in Deutschland verbliebenen Wanderarbeiter und 900.000 Kriegsgefangenen vermochten den Mangel nicht auszugleichen.[44] In der Landwirtschaft sollte mit dem „Gesetz über den vaterländischen Hilfsdienst" (1916) Abhilfe geleistet werden. Dadurch wurde Landarbeit zur staatlich kontrollierten Pflichterfüllung erhoben, die allerdings quasi einem Zwangsdienst gleichkam.[45] Die größten Ressourcen an Arbeitskräften waren deshalb die Frauen und Heranwachsenden, die nun nicht mehr wie noch vor dem Krieg durch spezielle Arbeitsschutzbestimmungen abgesichert waren. Der mittelfristige Arbeitskräftemangel an männlichen Erwerbspersonen führte ab etwa 1916 zur massiven Einbeziehung der Frauen in den Produktionsprozess.[46] Gegen Ende des Krieges stellten Frauen zwei Drittel der Arbeiterschaft, wobei hier alleinstehende Frauen in den 1920er Jahren

---

42 Roerkohl 1991, S. 43-44.
43 Roerkohl 1991, S. 48.
44 Kluge 2005, S. 13.
45 Kluge 2005, S. 13.
46 Isabel Priemel: Frauen zwischen Erwerbstätigkeit und Familie. Historische und aktuelle Entwicklungen, Pfaffenweiler 1990, S. 57.

den Großteil ausmachten.[47] Gab es 1913 noch 10,8 Mio. berufstätige Frauen, so waren es 1918 bereits 16 Mio. Dies entsprach etwa 75% aller Frauen im erwerbsfähigen Alter.[48] Ab 1916 wurde die Einstellung weiblicher Arbeitskräfte forciert, wobei es sich bei den Arbeitnehmerinnen hauptsächlich um gelernte Arbeitskräfte handelte. Dies waren zumeist Frauen mit Arbeitserfahrung, die aus anderen Betriebszweigen abgeworben wurden. Beispielsweise stammte ein Großteil der zusätzlichen weiblichen Arbeitskräfte im Ruhrgebiet aus der Textilindustrie und dem Bekleidungsgewerbe der rheinisch-westfälischen Region.[49] Durch den Krieg wurden die Schutzbestimmungen bei der Arbeit von älteren Kindern und Frauen gelockert. Kinder unter 14 Jahren durften noch immer nicht arbeiten,[50] doch beispielsweise wurden das Nachtarbeitsverbot, die Beschränkung der täglichen Arbeitszeit auf 10 Stunden und Bestimmungen zum Mutterschutz aufgehoben. Sämtliche Vorurteile und Beschränkungen, die Frauen von gewissen Berufen ausschlossen, wurden nun beiseitegelassen, und man forderte von den Frauen, dass sie an ihre psychischen und physischen Grenzen gingen. Nach Inkrafttreten des „vaterländischen Hilfsdienstgesetzes" standen den 4,8 Mio. beschäftigten Männern in den kriegswichtigen Industrien 4,3 Mio. Frauen gegenüber.[51] Hunger, zunehmende Nachtarbeit, Überstunden, ungenügender Arbeitsschutz und schwere körperliche Arbeit verschärften die Situation der Arbeiterinnen bis 1918 immer mehr. 1918 starben vor allem viele junge Frauen im Alter zwischen 15 und 30 Jahren.[52] In der Landwirtschaft fiel die Arbeitsaufteilung traditionell anders aus. Besonders in den ländlich geprägten Kleinstädten waren die Frauen grundsätzlich mit der Versorgung der heimischen Landwirtschaft betraut. Sie bestellten die Äcker und versorgten das Vieh, während die Männer einer Beschäftigung außerhalb der Landwirtschaft nachgingen.[53]

Obwohl Frauen die gleiche Arbeit wie Männer verrichten mussten, bestand in allen Arbeitsbereichen ein großer Lohnunterschied. Frauen verdienten nur die Hälfte bis zwei Drittel der Männerlöhne.[54]

---

47   Chickering 2009, S. 136.

48   Priemel 1990, S. 57.

49   Britta Leise: Arbeiterinnen im 1. Weltkrieg, in: Heimat Dortmund 3 (1997) S. 17-19, S. 14. Im Jahr 1907 waren noch rund 75% aller erwerbstätigen Frauen in den für sie typischen Beschäftigungsfeldern (Landwirtschaft, Textil-, Bekleidungs-, Reinigungsindustrie und -gewerbe) angestellt. Priemel 1990, S. 57.

50   Chickering 2009, S. 134.

51   Priemel 1990, S. 58.

52   Barbara Guttmann: Weibliche Heimarmee. Frauen in Deutschland. 1914- 1918, Weinheim 1989, S. 28.

53   Johanna Werckmeister: Land Frauen Alltag. Hundert Jahre Lebens- und Arbeitsbedingungen der Frauen im ländlichen Raum, Marburg 1989, S. 31.

54   Chickering 2009, S. 140.

Niedrige Löhne, hohe Lebensmittelpreise auf dem regulären Markt und astronomische Preise auf dem Schwarzmarkt führten zu einer extremen Unterversorgung der Arbeiterschaft mit Lebensmitteln, gekoppelt mit einem gesteigerten Kalorienverbrauch.

Mehr als 700.000 zwangsverpflichtete und deportierte Landarbeiter arbeiteten zeitweise in Deutschland.[55] Zwar warb man um zusätzliche Arbeitskräfte in Belgien, doch konnte keine ausreichende Menge mobilisiert werden. Letztendlich ging man ab 1916 dazu über, Zwangsmaßnahmen durchzusetzen.[56] Schließlich wurden etwa 60.000 Belgier nach Deutschland deportiert und zwangsweise in den Rüstungsunternehmen, aber auch in der Landwirtschaft, im Straßen- und Bergbau, aber auch bei Meliorationsarbeiten eingesetzt. Die Deportation war jedoch von Anfang an umstritten, brachte nicht den erhofften Erfolg und wurde schließlich bereits 1916 wieder eingestellt, wobei die letzten Zwangsarbeiter 1917 zurückgeführt wurden.[57]

Die Ernährungssituation in Hattingen

Wie überall in Deutschland liegen auch in Hattingen keine absoluten Zahlen über die vorhandenen und wirklich verbrauchten Nahrungsmittel vor, da ein Großteil der Waren über den Schleichhandel vertrieben wurde. So ist es unmöglich, das Maß der Unterversorgung anhand von Zahlen zu Warenkontingenten abzuschätzen. Ziemlich präzise dürften hingegen die Daten der Kriegs-, Armen- und Waisenfürsorge sein, da hier die fiskalische Belastung des städtischen Haushalts von großer Bedeutung war.

In Hattingen lebten nach der letzten Friedensvolkszählung vom 1. Dezember 1910 12.749 Menschen. Nach dem Verwaltungsbericht ist während des Krieges eine Bevölkerungszunahme zu verzeichnen. Lebten vor dem Krieg noch 12.749 Menschen in der Stadt, so waren es 1916 13.171, 1917 13.484 und am 8. Oktober 1919 sogar 14.462 Personen. Die Gründe für die allgemeine Bevölkerungszunahme könnten unterschiedlicher Natur sein. Zum einen wurden während des Krieges vor allem Frauen als Arbeitskräfte in die Städte geholt. Dies dürfte in besonderem Maße auch für Hattingen als einen bedeutenden Rüstungsstandort gegolten haben. Zum anderen ist auch anzunehmen, dass die Stadt die Bevölkerungszahl nach oben korrigierte, um höhere Zuteilungen von Warenkontingenten zu erhalten. Diese Praxis war allgemein üblich.[58]

---

55 Hans-Ulrich Wehler: Deutsche Gesellschaftsgeschichte, 1914-1949, München 2003, S. 58.

56 Jens Thiel: Menschenbassin Belgien . Anwerbung, Deportation und Zwangsarbeit im Ersten Weltkrieg, Essen 2007, S. 85.

57 Thiel 2007, S. 333.

58 Daniel 1989, S. 168.

Ab 1915 wurde die Hattinger Polizei mit der Durchführung der Lebensmittelversorgung betraut. Am Ende des Jahres war der Umfang dieses Bereichs allerdings so groß, dass eine eigene Polizeiabteilung gebildet werden musste. Diese wirkte auch bei der Preisprüfstelle mit und wurde gemeinhin als „Wucherpolizei" bezeichnet.

Erstaunlich ist die deutliche Abnahme der feld- und forstpolizeilichen Übertretungen im Jahre 1917. So sank die Zahl von 19 im Jahre 1913 fast kontinuierlich auf neun im Jahre 1918. Gerade in Zeiten größter Not ist dies wohl auf einen besonderen Schutz der Felder zurückzuführen, obwohl man auch hier eine mäßige Verfolgung durch die Behörden aufgrund akuten Personalmangels vermuten kann. Auch wurden aufgrund der zunehmenden Notlage vermutlich bald nur noch die gröbsten Verfehlungen zur Anzeige gebracht.

Die verblüffend niedrige Anzahl der Delikte im Schleichhandel dürfte ähnliche Hintergründe haben. Der Schleichhandel taucht in der Statistik erst 1917 auf und steigt dann von drei auf neun Fälle im folgenden Jahr.

Ebenso sind relativ wenige Fälle von Nahrungsmittelfälschung festzustellen. Waren es 1913 nur drei Fälle, so sank die Zahl bis 1915 auf einen und stieg dann 1917 auf sechs Fälle an.

Die Zunahme der maß- und gewichtspolizeilichen Übertretungen kann als Hinweis auf zunehmende Geschäftemacherei mit dem Lebensmittelmangel gewertet werden. Hier stieg die Zahl von einem Delikt im Jahre 1913 auf zwölf im Jahre 1918.[59]

Die Anzahl der Arrestanten, Häftlinge und Obdachlosen, die im Arrestlokal untergebracht wurden, fiel fast konstant von 403 im Jahre 1913 auf 101 im Jahre 1918. Auch die Zahl der Personen, die eine Haftstrafe verbüßen mussten, reduzierte sich beträchtlich von 78 im Jahre 1913 auf lediglich zwei im Jahre 1918. Noch drastischer sank die Zahl der Obdachlosen. Waren es vor dem Krieg noch 2.257, so wurden im Jahre 1918 nur noch 31 Personen gezählt.[60] Ursache für diesen Rückgang war vermutlich der latente Arbeitskräftemangel, aufgrund dessen man keine zur Verfügung stehende Arbeitskraft entbehren konnte. Auch der Erlass des „Gesetzes über den vaterländischen Hilfsdienst" vom 5. Dezember 1916 wird hier eine Rolle gespielt haben, der jeden männlichen Deutschen zwischen dem 17. und dem 60. Lebensjahr zur Arbeit verpflichtete. Ab 1917 galt sogar eine allgemeine Meldepflicht aller Hilfsdienstpflichtigen. Es wurden nun auch alle Frauen zur Arbeit aufgerufen. Hierbei ist noch anzumerken, dass sich allwöchentlich zwölf Hilfsdienstpflichtige zur Be- und Endladung der Züge am Hattinger Bahnhof einzufinden hatten. Für die Heranziehung kamen fast

---

59 Städtischer Verwaltungsbericht der Stadt Hattingen. 01.04.1913- 31.03.1919, S. 103-106.

60 Verwaltungsbericht Hattingen, S. 107-108.

nur selbstständige Gewerbetreibende und Geschäftsleute infrage, da diese nicht in kriegswichtigen Betrieben arbeiteten.[61]

Bereits bei Kriegsbeginn wurde eine Kommission gegründet, die sich um die Kriegerfamilien zu kümmern hatte. Mussten in der Stadt zunächst 400 Familien unterstützt werden, stieg ihre Zahl zwischenzeitlich auf einen Höchststand von 1.200. Durchschnittlich mussten während des Krieges kontinuierlich 600 bis 700 Familien versorgt werden.[62] An dieser Stelle soll insbesondere auf die Sachleistungen in Form von Milch- und Kartoffelzuteilungen eingegangen werden. Jede Kriegerfamilie hatte in einem Bedürftigkeitsfall das Anrecht auf eine ärztlich verordnete, von der Stadt bezahlte Milchzuteilung. Die Kosten für die Stadt stiegen dabei während des Krieges deutlich an, von 3.760,11 Mark im Jahr 1914 auf 36.812,19 Mark im Jahre 1918.[63] Zwar sind hier keine absoluten Zahlen über die ausgegebene Menge ersichtlich, doch kann man aufgrund des allgemeinen Milchmangels davon ausgehen, dass die ausgegebene Menge im Laufe des Krieges eher sank, während der Preis drastisch anstieg.

Auch die Kartoffelversorgung der Kriegerfamilien wurde in gewissem Rahmen von der Kriegsfürsorge übernommen. Ein Teil der Kosten sollte von den Familien später zurückbezahlt werden. In diesem Fall ist sehr gut die extreme Preissteigerung zu erkennen, immerhin weit über 100%, da Menge und Preis im Verhältnis zueinander genannt werden. Während im Jahr 1915 noch 1.260 Zentner Kartoffeln für 5.166 Mark zu erwerben waren, mussten 1918 für 3.710 Zentner 33.447,54 Mark bezahlt werden.[64]

Die Kosten für die Armen-, Waisen- und Wohltätigkeitspflege stiegen bei der Milch von 256 Reichsmark im Jahre 1916 auf 904 Reichsmark im Jahre 1918. Im gleichen Zeitraum sanken die Kosten für die Essensausgabe von 1987 auf 476 Mark, wobei man annehmen kann, dass auch hier die Versorgung der Bedürftigen weitgehend über die Kriegsküchen bewerkstelligt wurde.[65] Interessant ist, dass für Kartoffeln im Jahre 1917 überhaupt kein Wert vorliegt, weswegen man annehmen kann, dass sie für die Armen-, Waisen- und Wohltätigkeitspflege nicht verfügbar waren.

In den Hattinger Kriegsküchen hatte man am 15. August 1915 mit der Ausgabe von 240 Portionen täglich begonnen, im Verlauf des Krieges waren es durchschnittlich 1.300 Portionen. Aus den beim Schlachthof anfallenden

---

61 Kriegsverwaltungsbericht der Stadt Hattingen. 01.08.1914-31.03.1919, S. 9, in: Stadtarchiv Hattingen.
62 Kriegsverwaltungsbericht Hattingen, S. 20.
63 Kriegsverwaltungsbericht Hattingen, S. 27.
64 Kriegsverwaltungsbericht Hattingen, S. 30.
65 Städtischer Verwaltungsbericht der Stadt Hattingen. 01.04.1913- 31.03.1919, S. 54-55, in: Stadtarchiv Hattingen.

Knochen (wöchentlich 4 bis 5 Zentner) konnten täglich 300 bis 400 Liter Krankensuppe gekocht werden. Nach einer schlechten Kartoffelernte mussten im Winter 1916/17 vielfach Steckrüben und Dörrgemüse abwechselnd mit Sauerkraut und Hülsenfrüchten gekocht werden. Schließlich war man im Frühjahr 1917 zehn Wochen lang gezwungen, ganz ohne Kartoffeln zu kochen, da diese nun völlig fehlten.

Der städtische Verwaltungsbericht stellte hinsichtlich der Qualität der Mahlzeiten in den Kriegsküchen fest: „Kurz nachher nach dem Eintreffen der ersten Gartenfrüchte wurde fast alle Tage ein Gemüse aus grünen Runkelblättern hergestellt, zu dem täglich 7 Zentner Blätter verwandt wurden. Die Blätter mit Gerstengrütze vermischt, oder auch das damals übliche Wickengericht, ergab eine Speise, die auch mit Rücksicht auf die Fettarmut nicht besonders mundete".[66]

Als die Lebensmittelversorgung schlechter wurde, wollte man wenigstens den Kindern für eine gewisse Zeit im Jahr eine ausreichende Versorgung ermöglichen. Im Hochsommer 1917 wurden zum ersten Mal 46 Jungen und 102 Mädchen aus Hattingen in so genannte Pflegestellen auf dem Land geschickt. Diese Verschickung nach Kolmar im Kreis Posen dauerte vom 20. Juli bis zum 26. Oktober. Allerdings klagten die Kinder nach ihrer Rückkehr über die Rückständigkeit der gesamten Lebensverhältnisse, insbesondere über den Mangel an Angeboten für „kulturell[e] Bedürfniss[e]" und die schlechten hygienischen Zustände. Eine Rückkehr nach Kolmar wünschten die Kinder unter keinen Umständen. Anders hingegen war es bei den Kindern, die eine Zeit im Kreis Herfordt verbrachten. Diese beschrieben ihren Aufenthalt als einwandfrei. Bei einer weiteren Verschickung im Jahre 1918 in diesen Kreis blieben viele Kinder sogar freiwillig noch über den Winter, obwohl der offizielle Zeitraum nur von Mai bis Oktober ging. Auch die Pflegefamilien begrüßten die Verlängerung der Unterbringung über den Winter.[67] Hier sollte man sich allerdings zwei Dinge vor Augen halten. Zum einen hatte sich die Not in der Stadt inzwischen weiter verschlimmert, weshalb die Kinder, vielleicht auch aufgrund der Erfahrungen im letzten Winter, eine Unterbringung auf dem Land favorisierten. Zum anderen werden die Pflegefamilien auf dem Land auch von den Kindern profitiert haben, da man dringend zusätzliche Arbeitskräfte benötigte. Insgesamt wurden im Jahr 1918 247 Kinder auf dem Land untergebracht.

Bei der Untersuchung aller Schulkinder hinsichtlich ihres gesundheitlichen Zustandes ergab sich bereits 1916 eine wesentliche Verschlechterung. Bei 300 Kindern aus Kriegerfamilien wurde ein hoher Grad an Unterernährung fest-

---

66   Kriegsverwaltungsbericht Hattingen, S. 26.
67   Kriegsverwaltungsbericht Hattingen, S. 47.

gestellt. Bei 80 Kindern waren sogar besondere Maßnahmen erforderlich. Es wurde ein Verein für skrofulöse Kinder ins Leben gerufen, der Kräftigungskuren organisierte. Bis November 1918 schickte man rund 120 Kinder mit insgesamt 3.848 Verpflegungstagen zu solchen Kuren. Gemeinhin wurden diese Kuren als erfolgreich gewertet.[68]

Eine weitere Möglichkeit, die Versorgung der Hattinger Bevölkerung zu verbessern, war, wie in vielen anderen Städten auch, der Kriegsgartenbau. Im Jahre 1915 wurden 251 Hattinger Gärten mit einer Größe von je 15 Ruten angelegt. Die Abgabe erfolgte zunächst nur an Kriegerfamilien, die sich allerdings nicht in genügender Anzahl meldeten. Es wurde bemängelt, dass besonders jüngere Frauen dem Gartenbau ablehnend gegenüberstanden. Ältere Frauen hingegen, besonders mit mehreren Kindern, bewarben sich eifrig um die Gärten und bestellten diese vorbildlich. Zunächst pflanzte man hauptsächlich Kartoffeln und erntete im ersten Jahr immerhin 15.000 Zentner. Die Zahl der Gärten stieg von 300 im Jahr 1916 auf 350 im Folgejahr. Es wurden Flurhüter eingesetzt, die die Gärten auf eine sachgemäße Bearbeitung hin kontrollieren und vor Diebstählen schützen sollten. Schließlich stieg die Nachfrage nach diesen Gärten so stark an, dass man auch zur drastischen Maßnahme der Enteignung griff, um Boden zu beschaffen. So hieß es im Kriegsverwaltungsbericht Hattingen: „Landwirt Blessmann in Welper, der an der Welperstraße ein größeres Grundstück brach liegen ließ, und dieses auch auf Aufforderung nicht bewirtschaftete, wurde dasselbe im Jahre 1917 für den Kriegsgartenbau enteignet."[69] Garteninhaber sollten mit Prämien angespornt werden, den Ertrag auf ihren Böden zu steigern. Allerdings vernachlässigte eine Anzahl von Frauen nach wie vor ihre Gärten, weswegen ihnen diese wieder abgenommen wurden.

Für die Stadt stiegen die Kosten für den Kriegsgartenbau drastisch an, wobei der Ankauf der Parzellen noch nicht einmal groß ins Gewicht fiel. Den größten Posten bei den Kosten nahm der Dünger ein. Dessen Anteil an den allgemeinen Aufwendungen stieg von 1915 bis 1918 um knapp 78%.[70] Hierfür ist wohl nicht der höhere Düngemittelbedarf verantwortlich, sondern vielmehr die drastisch gestiegenen Preise, die auf den grundsätzlichen Mangel von Dünger in Deutschland zurückzuführen waren. In der Landwirtschaft wurden in dringenden Fällen sogar Landwirte für kurze oder auch längere Zeit von der Front in die Heimat zurückgeschickt, um ihren eigenen Hof zu bewirtschaften, da der Mangel an Arbeitskräften enorm war. Fehlte es an Zugtieren, so sollen den Landwirten auf Antrag sogar Militärpferde überlassen worden sein.

---

68 Kriegsverwaltungsbericht Hattingen, S. 26.
69 Kriegsverwaltungsbericht Hattingen, S. 75.
70 Kriegsverwaltungsbericht Hattingen, S. 76.

In seltenen Fällen wurden auch Kriegsgefangene auf den Höfen eingesetzt. Vielfach verpflichtete man Landwirte und Kötter aber auch dazu, den Hof des einberufenen Nachbarn mitzubewirtschaften.[71]

Das Sammeln von Wildpflanzen und -früchten wurde für viele Hattinger Familien zu einer wichtigen zusätzlichen Nahrungsquelle, wobei das Pilzesammeln sich zunächst nicht wirklich durchsetzen konnte. Hier sollte erwähnt werden, dass Pilzgerichte auch schon vor dem Krieg eher unbeliebt waren. Während der Kriegszeit verstärkte sich diese Abneigung, was vor allem an den häufig vorkommenden Pilzvergiftungen lag. Wie in anderen Städten, so wurden auch in Hattingen Lehrer in der Pilzkunde ausgebildet, um die Bürger bei den Pilzwanderungen zu unterrichten. Die Beteiligung an diesen Wanderungen war jedoch schwach. Wenigstens ein Lehrer scheint allerdings von den Vorzügen der Pilze überzeugt worden zu sein: „Auch Schreiber dieses, der früher zu den Gegnern der Pilze gehörte, zählt heute zu den warmen Verehrern der Pilzgerichte." Daneben wurden auch Weißdornfrüchte gesammelt, die man als Kaffeeersatz verwendete. Mit der Sammlung, die insgesamt 60 Zentner einbrachte, wurden fast ausschließlich Schüler betraut.[72]

Die schlechte Versorgungslage in Hattingen spiegelt sich auch im örtlichen Sterberegister aus der Zeit des Ersten Weltkriegs wider.

Für die Auswertung des Sterberegisters ist vor allem die Beurteilung des allgemeinen Gesundheitszustands von fundamentaler Bedeutung, da im Register selbst für diesen Zeitraum keine Todesursachen verzeichnet wurden, was eine klare Auswertung erschwert. Betrachtet man das Aufkommen aller meldepflichtigen Krankheiten in Hattingen während des Krieges, so stellt man fest, dass Scharlach zu den verbreitetsten Krankheiten zählte. Während für 1913 73 Fälle erfasst wurden, waren es 1914 nur noch 13. Im Jahre 1915 stieg die Zahl wieder auf 100 Fälle an und fiel dann plötzlich auf einen Fall im Jahr 1918 ab.

Auffällig ist das extrem seltene Vorkommen von Fleischvergiftungen; so sind im gesamten Untersuchungszeitraum von 1913 bis 1918 lediglich zwei Fälle belegt. Beim Auftreten von Dyphterie ist zu bemerken, dass mit 20 Erkrankungen 1915 ein Maximum erreicht wurde und danach die Zahl der Fälle stetig auf schließlich drei im Jahre 1918 zurückging. Außerdem traten 1918 vermehrt Fälle von Ruhr auf. Waren es 1916 und 1917 jeweils nur drei Fälle, so wurden 1918 24 verzeichnet. 1917 wurden zehn Fälle von Typhus gemeldet; ein Jahr später ermittelte man nur noch zwei Erkrankungen. Ein plötzliches Auftreten der Pocken im Jahre 1916 könnte vielerlei Ursachen

---

71 Kriegsverwaltungsbericht Hattingen, S. 74.

72 Kriegsverwaltungsbericht Hattingen, S. 82.

haben. Sie könnten durch Arbeiter von außerhalb, Zwangsarbeiter oder auch Kriegsgefangene eingeschleppt worden sein. Allerdings entwickelte sich keine Epidemie. Fanden sich 1916 sechs Infizierte, so war es ein Jahr später nur noch eine Person, und 1919 war die Krankheit verschwunden. Auch Tuberkulose stellte keine flächendeckende Bedrohung dar. 1913 und 1915 waren jeweils drei Fälle bekannt, wohingegen es 1916 keinen einzigen Fall gab; von 1917 bis 1918 ist immerhin ein Anstieg von sechs auf neun Fällen zu verzeichnen.[73] Natürlich muss man gerade bei Tuberkulose in den unteren sozialen Schichten von einer nicht näher einzuschätzenden Dunkelziffer ausgehen.

Zusammenfassend ist also festzustellen, dass im beobachteten Zeitraum keine große Epidemie stattfand, die eine Vielzahl von Opfern gefordert hätte. Im Bericht über den Gesundheitszustand der Bevölkerung in Hattingen wird ab 1916 auf die allgemein schlechte körperliche Verfassung der Menschen hingewiesen, als deren Ursache die ständig anwachsende Nahrungsmittelnot vermutet wurde. In den folgenden Kriegsjahren wird die Situation als immer dramatischer beschrieben.

Anhand des Sterberegisters lässt sich sowohl quantitativ als auch qualitativ die Not der Bevölkerung während des Ersten Weltkriegs in Hattingen relativ gut darstellen. In der Registrierung eines jeden der 1.565 Hattinger Bürger, der während des Ersten Weltkriegs starb, ist Geschlecht, Alter, Familienstand, Beruf und Ort des Todes abzulesen. Allerdings wurden in dieser Zeit noch keine Angaben zur Todesursache gemacht. Bei den Kriegstoten ist in der Regel ein anderer Ort als Hattingen als Sterbeort angegeben, und die Meldung über den Tod wurde immer von einer Militärbehörde überbracht. Die Kriegstoten wurden zudem meist in größeren Kontingenten zusammengefasst und häufig erst Monate, nachdem sie verstorben waren, ins Sterberegister der Stadt aufgenommen. Auf diese Weise können sie recht einfach aus der Statistik ausgesondert werden, um die Sterbefälle zu ermitteln, die eindeutig im Rahmen der mangelnden kommunalen Lebensmittelversorgung erfolgten. Zunächst fällt besonders die extrem hohe Kindersterblichkeit auf, was allerdings bereits vor dem Krieg der Fall war. Sie ging zwar während des Krieges zeitweise stark zurück (von 80 Fällen 1914 auf 38 Fälle 1917), doch muss man hier auch den allgemeinen Geburtenrückgang berücksichtigen, wodurch sich das Ergebnis wiederum relativiert. Die Zahl der 61- bis 70-Jährigen blieb während des Krieges relativ stabil, doch bei fast allen anderen Altersgruppen ist ein Anstieg von Todesfällen zu verzeichnen, der im Jahre 1918 exorbitant ausfällt. Ins Auge sticht hier der drastische Anstieg der Todesfälle unter den 11- bis 40-Jährigen, besonders in den Jahren 1917/18. Die Zahl der Toten hat sich in dieser Gruppe

---

73 Verwaltungsbericht Hattingen, S. 120.

gegenüber dem Vorjahr 1917 mehr als verdoppelt.[74] Unterteilt man die Toten nach Geschlechtern, so ergibt sich folgendes Bild: Im gesamten Sterberegister ist die Gruppe mit den meisten Toten pro Jahr die der Frauen zwischen 21 und 30 Jahren – im Jahre 1918 waren es 34 –, während im selben Jahr und in der gleichen Altersgruppe nur 19 Männer verzeichnet wurden. In den Altersgruppen von 31 bis 60 Jahren hingegen sind jeweils mehr Sterbefälle von Männern als von Frauen aufgeführt; bei den 61- bis über 80-Jährigen ändert sich dieses Verhältnis wieder. Sortiert man die Sterbefälle nach Berufsgruppen, dann zeigt sich, dass die erwerbslosen Frauen zwischen 15 und 71 Jahren die größte Gruppe bilden. Männliche Arbeiter sind mit 175 Personen die Gruppe mit der zweithöchsten Zahl. Bei den Todesfällen unter den erwerbstätigen Frauen, die von drei im Jahre 1914 auf 24 im Jahr 1918 anstiegen, zeichnet sich der allgemeine Anstieg der Frauenarbeit ab. Während die Todesrate unter den ungelernten Arbeitskräften, also den Hausierern, Handlangern, Hilfsarbeitern und Tagelöhnern, relativ konstant unter fünf bleibt, steigt die Zahl der Toten unter den Arbeitslosen von einem im Jahre 1914 fast sprunghaft auf elf im Jahre 1918 an.

Letztendlich kann man sagen, dass unter Frauen, Kindern und Arbeitern während des Krieges die meisten Opfer an der Heimatfront zu beklagen waren, wobei allerdings zu bedenken ist, dass die Kindersterblichkeit schon vor dem Krieg hoch war.

Fazit

Zusammenfassend kann man sagen, dass mit dem Ersten Weltkrieg und der damit verbundenen Seeblockade die Ernährung auf ein Niveau gesenkt wurde, welches seit mindestens zwei Generationen in Deutschland unbekannt war. Nicht nur eine Abnahme bei der Qualität der Nahrung ist zu verzeichnen, auch ein deutlicher Rückgang in der Menge an Kalorien und Nährstoffen für den einzelnen Bürger ist erwiesen. Anhand der Stadt Hattingen zeigt sich deutlich, welche Ausmaße die Lebensmittelkrise schließlich annahm. Obwohl im Hattinger Sterberegister keine Todesursachen vermerkt wurden, so kann man doch davon ausgehen, dass der drastische Anstieg der Todesfälle während des Krieges auf die generelle Unterversorgung zurückzuführen ist. Daneben ist eine gewisse Zahl von Unfallopfern in den Betrieben unter den nur mäßig ausgebildeten Arbeitern in Betracht zu ziehen. Epidemische Krankheiten hingegen können als Ursache so gut wie ausgeschlossen werden, da man in Hattingen anscheinend alle während des Krieges verbreiteten gefährlichen Krankheiten kurzfristig unter Kontrolle bringen konnte.

---

74 Sterberegister der Stadt Hattingen aus den Jahren 1914 bis 1918

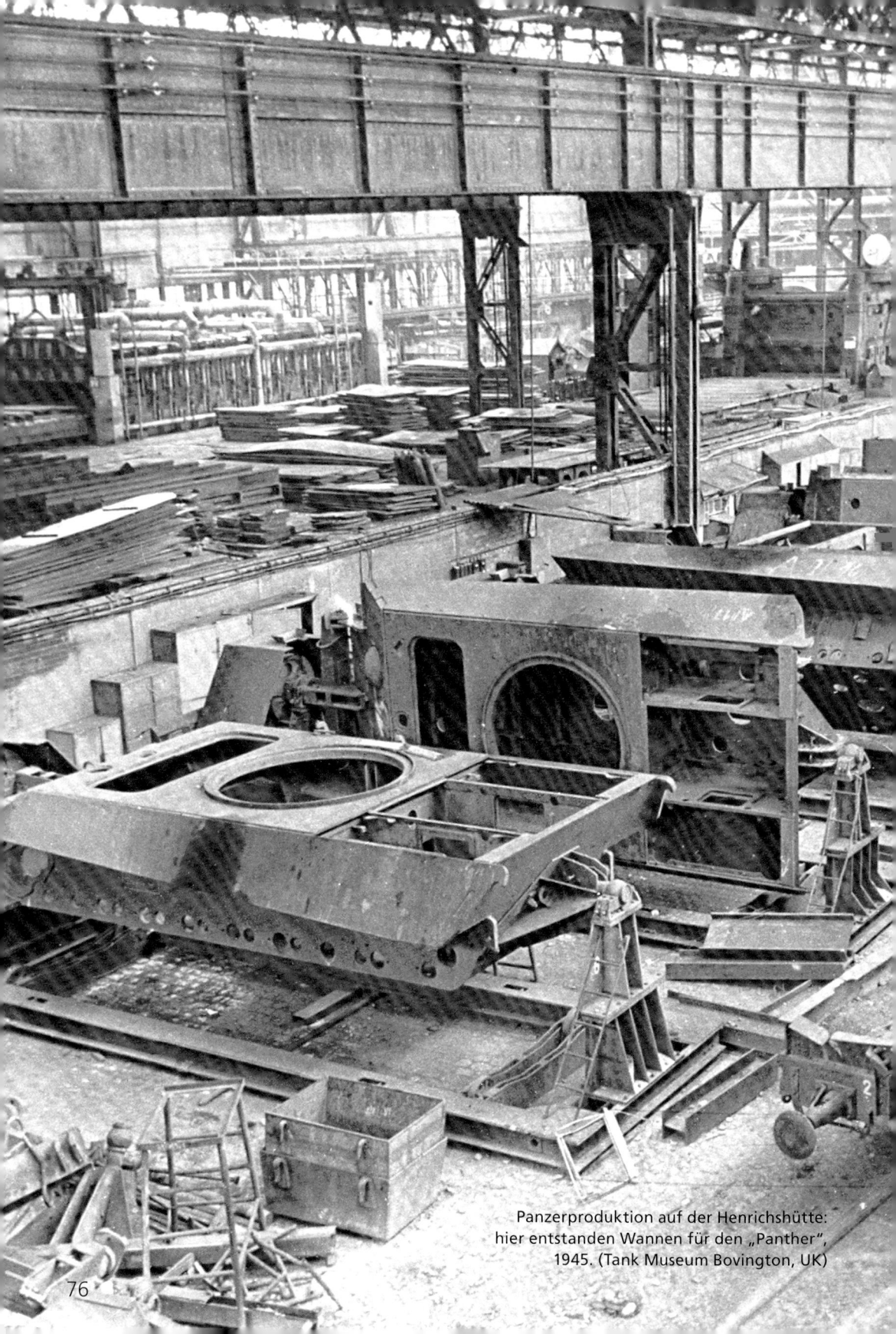

Panzerproduktion auf der Henrichshütte: hier entstanden Wannen für den „Panther", 1945. (Tank Museum Bovington, UK)

Frank Köhler

Die Fertigung von Panzergehäusen während des Zweiten Weltkrieges in Deutschland[1]

Bei der Betrachtung der Fertigung von deutschen Kampfpanzern während des Zweiten Weltkrieges steht gewöhnlich der jeweilige Fahrzeughersteller bzw. die Lieferfirma im Mittelpunkt des Interesses.[2] Als Lieferfirma eines Panzerfahrzeuges wurde im Allgemeinen diejenige bezeichnet, die die Endmontage durchführte. Die Zulieferer jedoch, die in der Kriegszeit je nach Bedarf und Möglichkeiten wechselten, stehen dabei meistens am Rande. Besonders die Herstellung des für die Kampftüchtigkeit wesentlichen Bauteiles, des Panzergehäuses, scheint auf den ersten Blick recht wenig Beachtung zu finden. Möglicherweise hängt dieses auch mit dem Mangel an verbreiteter Information zusammen.[3]

Ohne ausführlich auf die Geschichte der Panzerung im Allgemeinen einzugehen, soll nachfolgend ein kurzer Einblick in deren Konstruktion und Fertigung, jedoch aufgrund der günstigeren Quellenlage besonders jene des damaligen Dortmund-Hörder Hüttenverein (DHHV), Werk Hörde, gegeben werden. Der DHHV war ein bedeutender Gehäuse-Zulieferer und stellte 1944/45 Wannen- und Turmgehäuse für die wichtigen Typen Panther[4] und Tiger II her. Diese Firma galt seinerzeit, besonders in Teilbereichen der Wärmebehandlung von Panzerteilen, als innovativ.[5]

---

1 Vortrag im LWL-Industriemuseum Henrichshütte Hattingen am 15.08.2014.

2 Der für diese Publikation überarbeitete und gekürzte Aufsatz erschien erstmals 1998 in der WTS Info 14, Mitteilungen des Vereins der Freunde und Förderer der Wehrtechnischen Studiensammlung e.V., Koblenz

3 Walter Rau: Kommentar zu: Hans Bühler, Geschichtlich-technischer Überblick über die Panzerstähle. Herbst 1967, unveröffentlicht, S. 2. Rau spricht im Jahr 1967 von einem Mangel an historischen Unterlagen durch Vernichtung geheimer Unterlagen und durch Beschlagnahme von Akten durch die Siegermächte.

4 Zur Bedeutung des Panzerkampfwagen Panther z.B. Walter Spielberger: Der Panzerkampfwagen Panther und seine Abarten. Stuttgart 1977. Frank Köhler: Panther. Meilenstein der Panzertechnik, Uelzen 2014.

5 Hartmut H. Knittel: Panzerfertigung im Zweiten Weltkrieg. Industrieproduktion für die deutsche Wehrmacht, Herford 1988, S. 70. Hans Bühler: Geschichtlich-technischer Überblick über die Panzerstähle in Deutschland von 1934 bis 1945, einschließlich ihrer Eigenschaften und Verarbeitung, unveröffentlichtes Manuskript, 1963, S. 150 ff.

1. Werkstoffe, Konstruktionen und Verfahren
1.1 Panzerstähle und Wärmebehandlung

In Deutschland war im Gegensatz zum westlichen Ausland zur Panzerherstellung nur Elektrostahl zugelassen. Im Elektroofen konnten die überaus schädlichen Phosphor- und Schwefelgehalte im Rohstahl am niedrigsten gehalten werden. Hinzu kam die Genauigkeit der Schmelzführung, die sich am besten mit relativ kleinen Schmelzen von durchschnittlich 15 t erreichen ließ. Man erkannte, dass der Elektrostahl nicht nur den Vorteil der großen Reinheit brachte, sondern auch gut zu schweißen war. Für die trotz des hohen Kohlenstoffgehaltes relativ gute Schweißbarkeit spielte auch eine Rolle, dass die deutschen Stähle ansonsten niedrig legiert waren.

Erst gegen Kriegsende und nur für dickere Bleche wurde als letzte Notmaßnahme Siemens-Martin-Stahl (SM) zugelassen, als die benötigte Menge an Panzerstahl aus Elektroöfen nicht mehr erstellbar war. Die Güte dieser Panzerbleche zeigte jedoch deutliche Unterlegenheit gegenüber solchen aus Elektrostahl.[6]

Für die Herstellung der Panzerbleche wurde Walzstahl, für verschiedene Formteile wie Geschützblenden u.ä., (Panzer-)Stahlguss verwendet. Die Panzerbleche wurden vergütet, d.h. geglüht, gehärtet und auf hohe Temperaturen angelassen.

Ab etwa 1935 wurde zur Oberflächenhärtung verschiedener Panzerbleche versuchsweise das einzige zu jener Zeit bekannte Verfahren, das sehr zeitaufwändige „Zementationsverfahren", angewendet. Dem folgte ab 1937/38 das Flammhärten und schließlich ab 1938/39 die elektro-induktive Oberflächenhärtung.[7] Diese einseitige Oberflächenhärtung wurde bis zu einer Dicke von 80 mm angewendet, solange der zusätzliche Aufwand gerechtfertigt erschien. Der Vorteil gegenüber homogenem Material ging aber mehr und mehr verloren, je größer und wirksamer die Panzerabwehrwaffen und die damit bei Panzern geforderten Blechdicken wurden. Schließlich konnte die Verbesserung der Beschuss-Sicherheit als unwesentlich bezeichnet werden.[8] Entsprechend wurde ab etwa 1943 das Oberflächenhärten für Panzerbleche größerer Dicke eingestellt.[9]

---

6 Zu bemerken ist allerdings, dass sich bei einer besseren Rohstahlbasis als in Deutschland die Verwendung von Siemens-Martin-Stahl qualitativ nicht so stark negativ hätte auswirken müssen.

7 Rau 1967, S. 7.

8 Rau 1967, S. 7f. Imperial War Museum London, BIOS F.R. 1263 German Flame Hardening of Armour Plate and Flame Cutting and Flame Hardening of Sprockets for Armoured Fighting Vehicles, S. 13. Knittel 1988, S. 64, mit Hinweis auf: HA Krupp WA 41/3-925, Betriebsbericht des Panzerbaus 3 1942/43, S. 9.

9 Knittel 1988, S. 64, mit Hinweis auf: HA Krupp WA 41/3-925, Betriebsbericht des Panzerbaus 3 1942/43, S. 9. IWM London, CIOS XXVII-75 Electrical Induction Face-Hardening of Thick Armour Plate, S. 12. Es wird behauptet, dass das Oberflächenhärten 1943 „aufgegeben" wurde.

Bei der Wärmebehandlung der Bleche gelang es, die Aufheizzeiten und die Haltezeiten auf Härtetemperatur zu minimieren und damit den Ofendurchsatz sowie den Energieverbrauch entscheidend zu verbessern.

Als Grund für die gute Beschussfestigkeit (Beschuss- und Sprungsicherheit) der auf deutscher Seite, teils wegen des Mangels an Legierungsmetallen, benutzten legierungsarmen Panzerstähle während des Zweiten Weltkrieges kann sicher die sorgfältige Erschmelzung im Elektroofen und die richtig angepasste Vergütung angenommen werden. Es scheint, als ob diese Zusammenhänge, wie auch die Grundsätze der deutschen „beschuss-sicheren Schweißung", teilweise von den westlichen Siegermächten nicht erkannt worden sind.[10] Aufschlussreich sind in diesem Zusammenhang die weiter unten beschriebenen negativen Beurteilungen aus alliierter Quelle bezüglich der Fertigungsqualität deutscher Panzergehäuse. Noch Mitte der 60er Jahre soll im westlichen Ausland die Ansicht vertreten worden sein, dass nur hochlegierte Panzerstähle bei relativ niedrigen Festigkeitswerten brauchbare Beschussergebnisse brächten.[11]

Nahezu bis Kriegsende wurden die Verfahren zur Panzergehäuseherstellung von der Stahlerzeugung bis zum Schweißen trotz der kriegsbedingten Mangellagen weiterentwickelt. Wie alliierte Fotoaufnahmen diverser Gehäuse- und Montagefirmen aus der Zeit nach der Kapitulation zeigen, ist die Fertigung von Panzergehäusen bis Kriegsende wohl nicht vollständig zum Erliegen gekommen.

1.2 Die Panzergehäuse

Nachdem ursprünglich zur Herstellung eines Panzergehäuses die Panzerplatten zum Teil aufwändig auf Hilfsrahmen genietet oder geschraubt werden mussten, wurden in Deutschland in den frühen 30er Jahren[12] die Weichen in Richtung der elektrisch zu schweißenden, selbsttragenden Schweißkonstruktion gestellt.[13] Bedingt durch den Stand der Fertigungsmöglichkeiten in den 1930er Jahren, bestanden die Wannengehäuse der Typen Panzerkampfwagen I bis IV aus dem „unteren" und „oberen" Wannengehäuse, die miteinander verschraubt wurden. Das untere Wannengehäuse kann im engeren Sinne als das „Fahrgestell" bezeichnet werden, während der obere Teil, offiziell als „Panzerkastenoberteil"

---

10 Walter Rau: Panzerungen mit besonderer Berücksichtigung gepanzerter Fahrzeuge zu Lande. Düsseldorf 1972, S. 48 ff.

11 Rau 1967, S. 19.

12 Walter Spielberger: Die Motorisierung der Deutschen Reichswehr 1920–1935, Stuttgart 1979, S. 217–226; S. 525. Maschinengewehrkraftwagen auf Adler Standard 6 Pkw-Fahrgestell. Entwickelt von Daimler-Benz, Berlin in Zusammenarbeit mit den Deutschen Edelstahlwerken in Hannover-Linden. Gebaut 147 Stück (+ 40 Funkwagen) von 1930–1934.

13 In England wurde nach Rau 1978, S. 48 ff die Schweißung nur versuchsweise angewendet, während in Frankreich die Gießtechnik in stärkerem Maße angewendet wurde. Nur in der Sowjetunion wurde ebenfalls frühzeitig auf die Schweißtechnik gesetzt.

bezeichnet, Fahrgestellabdeckung und Träger des Panzerturmes ist. Ein Vorteil dieser Bauweise ist, dass sich durch Ändern des Panzerkastenoberteiles einfach verschiedene Abarten wie Sturmgeschütze und Selbstfahrlafetten schaffen ließen. Der größte Nachteil ist jedoch die Teilung des Gehäuses mit den negativen Auswirkungen auf die Stabilität und die ballistischen Eigenschaften. Erst mit der Entwicklung der schweren Typen Tiger und Panther wurden die Wannengehäuse einteilig ausgelegt. War der Querschnitt der Wannengehäuse bis dahin meistens rechteckig, hatte er vom Panther an die konsequent T-förmige oder „Hammer"-Form über die gesamte Länge und Breite des Fahrzeuges. Diese Entwicklung war ursprünglich so wohl nicht beabsichtigt, jedoch erzwang bei der Tiger I-Entwicklung der große Drehkranz des vorgesehenen Turmes die erhebliche Verbreiterung des Dachbleches. Fast zwangsläufig entstanden aus den sich ergebenden „Schultertaschen" geeignete Stauräume für Munition und Ausstattungsteile wie Benzintanks und Kühlanlagen.

Die Panzerturmgehäuse der wichtigen Typen Panzerkampfwagen III und IV waren einteilige Schweißkonstruktionen mit abgeschrägten Wänden. Ab dem Tiger I, dessen Turmgehäuse nahezu hufeisenförmig geformt war, wurden auch gebogene, dickwandige Panzerbleche mit günstigeren ballistischen Eigenschaften verwendet. Von da an ersetzten auch vermehrt Winkelspiegel die beschusstechnisch ungünstigen Klappen und Schlitze in den Seitenwänden. Nur im Turmheck wurden ballistisch gut geschützte Lade- bzw. Einstiegsluken angebracht.

Bedingt durch die geringere Festigkeit des Schweißzusatzwerkstoffes gegenüber dem Grundwerkstoff kamen bei den schweren Panzertypen neue Schweißnahtformen sowie ein „Verzapfen" und „Verzahnen" der Panzerbleche zur Anwendung. Die Anfang der 30er Jahre als „schusssichere Schweißnaht" bezeichnete Schweißverbindung wandelte sich zu der vom zivilen Stahlbau abweichenden, beschuss-sicheren „Panzerschweißnaht", welche nur etwa ein Viertel des Stoßquerschnittes umfasste. Ein „Durchschweißen" der Naht gab es hier nicht. Beim Panther und Tiger II wurde in Verbindung mit einer besonderen Gestaltung der Kanten für diese „Panzerschweißnähte" die Beschuss- und Gestaltfestigkeit durch ein gegenseitiges Abstützen der Panzerteile erreicht.[14] Die damaligen Herstellerfirmen waren möglicherweise nicht sehr zufrieden mit dieser „ineinandergreifenden" Konstruktion der Panzerbleche. Nach einer Aussage vor britischen Offizieren minderte z. B. die aufwändige Vorbereitung der ungleichmäßigen Blechkanten und Verbindungen den erreichten Rationalisierungsvorteil durch das maschinelle Brennschneiden. Die Firmen Krupp und DHHV mit (nunmehr) ausreichenden Kapazitäten für die spanende Bear-

---

14 Spielberger 1977, S. 83 ff. Rau 1967, S. 14 f. spricht nur von „schusssicheren Nähten".

beitung wären danach sehr gern zu einer einfacheren und konventionelleren Kantengestaltung der Panzerbleche zurückgekehrt. Angeblich habe der DHHV diese Änderung auch durchgeführt, allerdings habe der große Lagervorrat an schon bearbeiteten Blechen eine Produktionseinführung verhindert. Als weiterer Grund wurde angegeben, dass wahrscheinlich die Beschussfestigkeit der ineinandergreifenden Konstruktion höher gewesen sei.[15] Der alliierte Report kommt hinsichtlich der Auswirkungen auf die Fertigung zu dem Schluss, dass die ineinandergreifende Konstruktion keine messbaren Vorteile beim Ausrichten und Montieren der Panzerbleche biete.

Ein anderer Report, der aufgrund von Firmenbesichtigungen und Mitarbeiterbefragungen im Zeitraum April bis Juni 1945 entstand, steht dieser Bauform ebenfalls sehr skeptisch gegenüber. Man sei nach Inaugenscheinnahme der Auffassung, dass die Qualität des Brennschnittes schlecht und grundsätzlich auch zu viel spanabhebende Bearbeitung bei der Herstellung der Verzapfungen und der Schiebenähte erforderlich sei. Die einzige besondere Verbindung, die weiter untersucht werden sollte, sei die Verzahnung der Panzerplatten.[16] Leider ist es nicht möglich, diese Beurteilungen zu evaluieren. Interessant erscheint hier, dass gerade die Verbindungsform, welche in der Zukunft im Panzergehäusebau keine Rolle mehr spielen sollte, im Mittelpunkt des Interesses stand. Eindeutig ist jedoch, dass der Panzertyp „Panther" durch seine Konstruktion auch in der Gehäusefertigung rationeller war als der nur wenig ältere Tiger I.

1.2.1 Anmerkungen zum Schweißen und zu den angewendeten Schweißverfahren

Das Lichtbogen-Schweißverfahren änderte sich bezüglich der zu verwendenden Stabelektroden zweimal grundlegend. Ursprünglich wurde überwiegend mit niedriglegierten, ferritischen Schweißelektroden geschweißt. Während des Winters 41/42 stellte man jedoch an der „Ostfront" fest, dass diese Schweißnähte den auftretenden Minustemperaturen nicht gewachsen waren und zum Reißen neigten. Es wurde auf hochlegierte, „austenitische" Schweißelektroden umgestellt. Aufgrund einer auftretenden Knappheit an Legierungsmetallen mussten ab Anfang 1944 innerhalb von 3 Monaten niedriglegierte, „ferritische" Elektroden entwickelt werden, die trotzdem eine ausreichende Festigkeit der Schweißnähte gewährleisteten. Es war gefordert, dass beginnend mit April 1944, ab Juni 70% bestimmter Schweißnähte mit ferritischen Elektroden

---

15 IWM, London, BIOS F.R. 614. Welding Design and Fabrication of German Tank Hulls and Turrets. Aussage von H. Hausmann vor britischen Offizieren. Die Vermutung, dass die Beschussfestigkeit wohl höher gewesen sei, ist nach Auffassung des Verf. zutreffend.

16 IWM, London, CIOS XXIX-44 Welding of German Armoured Vehicles.

hergestellt werden sollten.[17] Betroffen waren z.B. bei der Panther-Wanne ca. 27% der Schweißnähte.[18] Tatsächlich standen von April 1944 an solche Elektroden verschiedener Hersteller zur Verfügung.[19] Die Umstellung brachte augenscheinlich Schwierigkeiten mit sich. Das Verarbeiten der ferritischen Elektroden war schwieriger und die Gefahr der Rissbildung beim Schweißen größer. Beispielsweise hatten fallende Raumtemperaturen in durch Bombenangriffe beschädigten Schweißwerkstätten häufige und ungewöhnliche Rissbildungen zur Folge, die aufwändige Nacharbeiten nach sich zogen.[20] Ob die vom Heereswaffenamt geforderten Prozentsätze an ferritischen Elektroden tatsächlich eingehalten worden sind, erscheint zweifelhaft.[21]

Bis auf die grundlegenden Forderungen des Heereswaffenamtes[22] gab es bei den verschiedenen Herstellern keine standardisierten Schweißverfahren. Bezüglich der Herstellung des Panther bei verschiedenen Herstellern in Großserie sind erst ab Frühjahr 1944 auf Veranlassung des Heereswaffenamtes, WaPrüf VI, erhebliche Anstrengungen unternommen worden, die Schweißverfahren zu standardisieren, was jedoch nicht mehr zum Tragen kam.[23]

1.2.2 Geltende amtliche Spezifikationen[24]

Die folgenden, vom Oberkommando des Heeres, Heereswaffenamt, herausgegebenen Technische Lieferbedingungen (TL) werden in den alliierten Quellen wiederholt hervorgehoben:

---

17 Die aus dieser Forderung entwickelten Elektroden werden in den vorliegenden Dokumenten abwechselnd als niedriglegierte Elektroden, unlegierte Elektroden, ferritische Elektroden oder nicht-austenitische Elektroden bezeichnet. In dieser Arbeit wird ungeachtet der Unterschiede der Ausdruck „ferritisch" benutzt. Die grundsätzliche Aussage wird davon nicht berührt.

18 IWM, London, BIOS F.R. 614, Appendix T: Panther, I.G. Hull. D.H.H.V. Welding Operation Sequences and Timing Schedule.Von den 96 hier dokumentierten Schweißoperationen konnten 26 ferritisch ausgeführt werden.

19 IWM, London, CIOS XXIX-44 Welding of German Armoured Vehicles, Appendix „C", The latest Devolopments in Welding Electrodes for Armour Fabrication.

20 IWM, London, CIOS XXIX-44 Welding of German Armoured Vehicles, S. 24 und Appendix „E" – Translation of Interoffice Memorandum containing replies to Questionaire. Das Dokument vom 1.11.44 beinhaltet die Antworten des Eisenwerkes Oberdonau auf einen Fragebogen des Unterausschusses Elektroden des Sonderausschusses Panzerentwicklung bezüglich der Umstellung auf ferritische Elektroden.

21 auch IWM, London, BIOS F.R. 614. Welding Design and Fabrication of German Tank Hulls and Turrets, S 45 über die Angaben bzgl. der Schweißelektroden auf der Übersetzung eines vorgefundenen Schweißablaufplanes für Panther-Wannengehäuse (dort als Appendix T begefügt). Dort sind bestimmte normale Arbeitszeitvorgaben mit einer Fußnote versehen. Es wird dort insgesamt eine höhere Zeitvorgabe genannt, „wenn mit AGIL" (Anlage 6). Die Firma AGIL lieferte die ferritische Elektrode „Schwarz- Rot RND" (IWM London, CIOS XXIX-44).

22 vgl. Abs. 1.2.2 Geltende amtliche Spezifikationen.

23 IWM, London, BIOS F.R. 614, S. 46 f.

24 vgl. IWM, London, CIOS XXIX-44 Welding of German Armoured Vehicles, S. 17, 25f und Appendix A.

Die weitgehend identischen TL 4009, 4014, 4028 und 4038 behandelten die Technischen Lieferbedingungen für Panzeraufbauten, jeweils in Abhängigkeit von der Blechdicke.
Bezüglich des Schweißens der hier im Vordergrund stehenden Panzerbleche machen diese Vorschriften folgende wichtige Aussagen:
- Lichtbogenhandschweißen ist anzuwenden, soweit die Fertigungszeichnungen nichts anderes aussagen.
- Nach der Erteilung des Auftrages ist vor dem Beginn der Produktion ein schriftlicher Schweißablaufplan beim Heereswaffenamt einzureichen und genehmigen zu lassen.
- Änderungen im Ablauf bedürfen der erneuten Genehmigung.
- Alle wichtigen Schweißbedingungen müssen erfasst und festgelegt sein.
- Fertige Schweißnähte dürfen keine Risse aufweisen.
- Beschussversuche an fertigen Panzeraufbauten sind nicht gefordert.

Die TL 21/9017, Stand: 10.8.42, beschrieb u.a. Forderungen zu Toleranzen, Passungen und Nacharbeitsmethoden bei der Ausführung und Fertigung von Panzerteilen: Die einzelnen Punkte werden im Original knapp abgehandelt. Die Anforderungen an die Toleranzen erscheinen nicht übertrieben und an der Praxis orientiert. Dem jeweiligen Hersteller blieb es weitgehend selbst überlassen, wie er die jeweiligen Forderungen erfüllte.

1.3 Darstellung und Erläuterungen zum Fertigungsablauf 1936–45 am Beispiel des DHHV

Ab etwa 1936 wurde die bis dahin ausschließlich angewendete spanende Bearbeitung der für die Panzergehäuse benötigten Bleche durch die Anwendung des autogenen Brennschnittes schrittweise abgelöst.[25] Am Anfang des Zweiten Weltkrieges war der Anteil der spanenden Bearbeitung an den Blechen jedoch noch hoch. Da die Panzerbleche im eingebauten Zustand Festigkeiten bis über 1500 N/mm^2 aufweisen mussten, war eine mechanische Bearbeitung nur im weichgeglühten Zustand möglich, welches 1939/42 zahlreiche Bearbeitungsschritte vom Walzen des Bleches bis zum Zusammenbau erforderte.[26]

Durch die ab 1942 bei den schweren Panzertypen verwendeten Panzerbleche mit einer Dicke über 30 mm und Festigkeiten unter 1200 N/mm^2 waren die meisten Bleche auch noch nach dem Vergüten bearbeitbar.[27]

---

25 Rau 1967, S. 14. Pioniere bei der Fortentwicklung der Autogentechnik waren danach die Firmen Messer & Co, Frankfurt/M, Eberle, Frankfurt/ Main und z.T. Griesheim-Autogentechnik. Diese Fortschritte sollen sich auch auf andere Gebiete ausgewirkt haben, wie den Schiffbau und z.T. auch den Stahlbau.

26 Knittel 1988, S. 67. 1939/41–11, 1941/ 42–12 Arbeitsschritte.

27 Knittel 1988, S. 67.

Die Einzelteile des von Mitte 1942 bis Mitte 1944 produzierten Tiger H1 (Tiger I)-Gehäuses mussten noch im großen Maße spanabhebend bearbeitet werden. Die Autogen-Brennschnitt-Bearbeitungsaufgaben jedoch waren einfach. Die Panther- sowie Tiger H2 (Tiger II)-Gehäuseteile ab Anfang bzw. Ende 1943 hingegen wurden im starken Maße autogen und nur im geringen Maß spanabhebend bearbeitet.[28] Die Brennarbeiten für diese Typen waren zwar kompliziert, jedoch betrug die Leistung einer Brennmaschine das 4-7-fache gegenüber einer spanabhebenden Maschine.[29] „Der größte Teil der Kanten wurde dann nicht mehr fertigbearbeitet, sondern ohne Zwischenbehandlung aneinandergeschweißt."[30]

Durch die Weiterentwicklung der autogenen Brennschneidetechnik mit Acetylen bzw. Leuchtgas konnte ab 1943 die personalintensive mechanische Bearbeitung der Panzerbleche grundsätzlich als überwunden angesehen werden.[31] Die Behauptung erscheint realistisch, dass den deutschen Herstellern die schnelle Entwicklung und entschlossene Anwendung dieser Technik erst ermöglichte, die benötigten Stückzahlen an Panzergehäusen liefern zu können.[32] Die ebenfalls eingeführte „Rohtafelvergütung" gab eine größere Gewähr, „dass die einmal festgestellten Festigkeitswerte beim einbaufähigen Blech tatsächlich noch vorhanden waren."[33]

Eine weitere Fertigungsvereinfachung für Bleche ab 30 mm Dicke wurde etwa ab 1944/45 im Werk Hörde des DHHV, vorgenommen. Es handelte sich um die „Vergütung aus der Walzhitze". Nachdem ursprünglich die Wärmebehandlungen der Bleche durch den Fertigungsablauf in großen zeitlichen Abständen voneinander erfolgten und dadurch ein mehrfaches erneutes Aufheizen und innerbetrieblicher Transport erforderlich wurde, wurde nun die Vergütung direkt nach dem Fertigwalzen unter Ausnutzung der noch im Blech befindlichen Wärme. Auch das Anlassen wurde direkt im Walzwerk durchgeführt.

---

28 Knittel 1988, S. 60, Panzergehäusefertigung bei der Fa. Fr. Krupp, Essen.

29 Knittel 1988, S. 60, Panzergehäusefertigung bei der Fa. Fr. Krupp, Essen, mit Verweis auf Krupp WA 41/3-925, Betriebsbericht 1942/43 des Panzerbaus 3, S. 5

30 Knittel 1988, S. 67.mit Verweis auf H. Bühler 1963, S. 42.

31 Dieses dürfte in dieser Konsequenz und in erster Linie für die in diesem Sinne konstruierten Gehäuse des Panther und Tiger II gegolten haben.

32 Rau 1967, S. 14. H. Rau nennt als Grund hierfür die Unmöglichkeit, in der zur Verfügung stehenden Zeit die zahlreichen Werke mit allen nötigen Werkzeugmaschinen auszustatten.

33 Knittel 1988, S. 68.

Der Fertigungsablauf war also gegen Ende des zweiten Weltkrieges beim DHHV folgender:[34]
1. Walzen – Härten – Anlassen – Oberflächenhärten
2. Richten der durch die Wärmebehandlung verspannten Tafel
3. Fertigbrennen der Panzerungsteile (Ausschneiden mit Brennmaschine)
4. Kantenglühen von bestimmten Panzerblechen bzw. wenn eine Nacharbeit der gebrannten Kanten erforderlich ist
5. Fertigbearbeiten dieser bestimmten Panzerbleche oder Nacharbeitsteile
6. Zusammenbauen: Befestigen der Panzerteile im Montagegestell, Heften der Einzelteile, Einsetzen der gehefteten Gehäuse in Schweißmanipulatoren und Schweißen der Nähte, Einbau und Verschweißen der Innenteile

Es ist anzunehmen, dass letztere beim DHHV entwickelte Verfahrensweise nur noch vereinzelt angewendet worden ist und der Fertigungsablauf in Deutschland bis 1945 grundsätzlich zutreffend mit:
1. Walzen
2. Zuschneiden
3. Härten
4. Anlassen
5. Schweißen

beschrieben werden kann.[35] [36]

---

34 Knittel 1988, S. 69 mit Verweis auf H. Bühler 1963, S. 45f. W. Rau bemerkt hierzu in seinem Kommentar zu H. Bühlers Arbeit: „...Es handelte sich auch um Versuche, die vornehmlich bei dem ...DHHV unternommen wurden...". S. 15, (zu S. 45 und 46). Nach den vorliegenden Beschreibungen besteht nach Auffassung des Verf. jedoch kein Anlass, daran zu zweifeln, dass das beschriebene Verfahren, wenn auch in geringerem Umfang, beim D.H.H.V. angewendet worden ist.

35 Bilder: Ruhrstahl in Hattingen nach der Kapitulation. Zu sehen sind Manipulatoren mit Panther-Gehäusen und vor Öfen aufgestapelte Panzerbleche.

36 Rau 1972, S. 216, 220. Diese Methode soll erst nach 1955 (im Sinne des letzten beim DHHV beschriebenen Verfahrens, der Verf.) geändert worden sein. Vgl. IWM, London, CIOS XXIX-44 Welding of German Armoured Vehicles, S. 8, Pkt. 2. "Most German armor is cut to size before heat treatment."

2 Einzelheiten der Panther- und Tiger-Gehäusefertigung bei verschiedenen Herstellern
2.1 Die Werke und deren Produkte

Der DHHV produzierte unter anderem 1942–44 Panzergehäuse für den Tiger I und ab 1943 bis zum Ende der Fertigung Wannen- und Turmgehäuse für Panther und Tiger II. Gegen Ende des Krieges wurden auch durch Gefecht beschädigte Wannengehäuse instandgesetzt.[37] Die Kapazität lag 1944/45 bei monatlich 120 Panther- und 45 Tiger II-Wannen.[38]

Die Firma Fr. Krupp in Essen stellte ursprünglich hauptsächlich das untere Wannen- und das Turmgehäuse für den Panzer IV her. Von Ende 1942 bis August 1943 kamen Turm- und Wannengehäuse für den Panther hinzu. Ab März 1943 begann die Tiger I-Wannenfertigung, ab Anfang September 1943 die Tiger II-Wannenfertigung. Dazu wurden auch Turmgehäuse für den Tiger II sowie vereinzelt für Tiger I produziert.[39] Bezüglich der Kapazität bei Tiger II-Wannen wird 1944/45 von monatlich 72–120 Stück berichtet.[40]

Betreffend hergestellter Stückzahlen ist bekannt, dass z. B. bei der Henrichshütte seit 1939 Gehäuse für „935 Panzerkampfwagen III (bis 1942), 50 Befehlswagen (nur 1942), 150 Sturmgeschütze (1942–1943) sowie von 1942 bis zum 1. Oktober 1944 1.449 Panzer vom Typ Panther" gefertigt worden sind.[41]

Bei der Firma Krupp lag 1944 das Durchschnittsalter der deutschen männlichen Arbeiter in der Panzerproduktion bei 50,8 Jahren. Der Anteil der ausländischen Fremd- und Zwangsarbeiter lag auch in diesem Bereich bei ungfähr 50 %. Aufgrund des Fachkräftemangels wurden zum Ende des Krieges auch deutsche Gefängnis- und KZ-Häftlinge beschäftigt.[42] Nach einem Augenzeugenbericht sollen (auch) beim DHHV die russischen Zwangsarbeiter äußerst hart behandelt worden sein. In einem Fall sei ein Zwangsarbeiter erschossen worden, weil er Schweißspalten statt mit vorgeschriebenen einteiligen Futterblechen mit Schweißelektroden ausgefüllt habe, was beim „durchröntgen" der Schweißnaht aufgefallen sei. Dass Zwangsarbeiter „abgeholt" wurden, sei kein Einzelfall gewesen.[43]

---

[37] IWM, London, BIOS F.R. 614. Welding Design and Fabrication of German Tank Hulls and Turrets.

[38] IWM, London, BIOS F.R. 614, S. 49, bei 34 und 20 Manipulatoren auf 300m x 25 m Grundfläche.

[39] Knittel 1988, S. 60, Panzergehäusefertigung bei der Fa. Fr. Krupp, Essen. BIOS F.R. (Final Report) 614, S. 36 und Bilder S. 62 ff.

[40] IWM, London, BIOS F.R. 614, S. 49, bei 28 Manipulatoren auf 32m x 110m Grundfläche.

[41] Andreas Zilt u. a., Findbuch zu den Beständen der Ruhrstahl-Gruppe, Duisburg 1998, S. 56.

[42] Knittel 1988, Panzergehäusefertigung bei der Fa. Fr. Krupp, Essen.

[43] Mündliche Aussage von H. Günther Milchert, Dortmund, am 13.2.97 gegenüber dem Verf. Andere noch lebende Zeitzeugen sollten mir vermittelt werden, lehnten jedoch die Befragung bezüglich der Kriegszeit dem Vermittler gegenüber ab. Ich halte für sicher, dass jede Nachlässigkeit oder auch sog. „Pfuscharbeit" von Zwangsarbeitern grundsätzlich als Sabotage angesehen wurde und drakonisch bestraft wurde. Vgl. in diesem Zusammenhang die alliierten Feststellungen über die Produkt- und Fertigungsqualität.

2.2 Der Montageablauf
2.2.1 Zusammenbau und Heften

Bei beiden Firmen wurden die Turm- und Wannengehäuse auf einer ebenen Fläche in einem Montagegestell aus den Panzerblechen zusammengesetzt und durch angemessene Heftschweißstellen verbunden. Wenn erforderlich, mussten schwierige Richt- und Anpassarbeiten durchgeführt werden. Die maximal erlaubten Spaltmaße zwischen den Blechen waren dabei zu beachten. Als einzige vormontierte Baugruppen wurden die Wannenböden mit den Aufnahmen für die Drehstabfederungsteile und die unteren Seitenwände verwendet.

Den Abschluss dieses Arbeitsganges bildete das endgültige Schweißen der Heftschweißnähte, so dass der Transport und die weitere Bearbeitung der Gehäuse gefahrlos möglich waren. Das Heftschweißen musste von den jeweiligen Stahlbauern selbst durchgeführt werden. Die Qualität dieser Heftungen an den vorgefundenen, halbfertigen Gehäusen wurde von den Fachleuten der Alliierten wegen zu erkennender Risse als „in vielen Fällen schlecht" bezeichnet.[44]

2.2.2 Schweißen

Nach der Überprüfung wurden die Gehäuse in Manipulatoren („Wannendrehvorrichtungen") befestigt, welche ein Drehen des kompletten Gehäuses um die Längsachse ermöglichte. Dadurch konnten die Nähte in den vorgeschriebenen Positionen geschweißt werden. Für das Schweißen eines kompletten Panther-Wannen- und Turmgehäusesatzes waren angeblich 376 kg Schweißelektroden verschiedener Durchmesser erforderlich.[45]

Während der DHHV das Schweißen der jeweiligen Gehäuse bis zur Fertigstellung stationär durchführte, wurden bei Krupp die Manipulatoren mit den Wannengehäusen hintereinander gekuppelt auf Schienen bewegt und liefen bis zur Fertigstellung im Taktverfahren insgesamt 6 Schweiß-, Montage- und Kontrollstationen an. Es existierten 4 parallele Fertigungslinien.[46]

Beim DHHV arbeiteten gleichzeitig bis zu sechs Schweißer an einem Wannengehäuse. Das deutsche Schweißpersonal wurde im Stundenlohn bezahlt, bei Krupp erfolgte die Entlohnung nach dem Gewicht der verbrauchten Schweißelektroden. Die Einarbeitung des Schweißpersonales erfolgte am Arbeitsplatz. Eine beträchtliche Menge von Schweißelektroden musste daher für diesen Zweck eingeplant werden. Da, wie allgemein üblich, auch an dieser Stelle viele sog. Fremd- bzw. Zwangsarbeiter beschäftigt worden sind, muss von häufig wechselndem Personal ausgegangen werden. Beim DHHV lagen

---

44 IWM, London, BIOS F.R. 614, S. 36. M. E. sind hier auftretende Risse in Hinsicht auf den Zweck der Heftnähte nicht als kritischer Fehler zu betrachten.

45 IWM, London, BIOS F.R. 614, Appendix F, Verbrauch von Schweißelektroden für Wannen- und Turmgehäuse des Kampfpanzertyps Panther beim DHHV, Stand: 13.1.43

46 IWM, London, BIOS F.R. 614, Appendix R und S. 30 ff.

die Schweißanweisungen in Deutsch, Französisch, Russisch und Italienisch aus. Bei Krupp wurden auch weibliche Schweißer eingesetzt, allerdings nur für das körperlich nicht so stark belastende „Nach-unten-Schweißen".

2.2.3 Prüfung und Abnahme

Nach dem Schweißen und dem darauf folgenden Einbau der sog. Innenteile erfolgte auf einer ebenen Fläche die Inspektion und Kontrolle des Gehäuses. Vor der Ablieferung erfolgte der Anstrich.

Aus der Beschreibung des einzigen vorliegenden Berichtes ist zu ersehen, dass die Heeresabnahmestelle bei der jeweiligen Firma in erster Linie für die Abnahmeprüfung am Endprodukt zuständig gewesen sein soll. Diese Beschreibung deckt sich auch mit dem Wissen über die amtliche Güteprüfung während des Zweiten Weltkrieges. Bei speziellen Fragen der Firma bezüglich der Qualitätssicherung in der Produktion soll die Heeresabnahmestelle ebenfalls eingeschaltet gewesen sein.

Danach war bei der D.H.H.V. und Krupp ein Inspektionssystem mit separaten Werksabnahmeabteilungen eingerichtet, welches direkt in die Produktion eingeschaltet gewesen ist. Dieser Qualitätssicherungs-Abteilung soll im Laufe des Fortganges des Krieges ein steigendes Maß an Verantwortung übertragen worden sein.

Bei Krupp waren für die Prüfung und Abnahme der Gehäuse für Panzer IV und Tiger II maximal 12–14 Mitarbeiter eingesetzt.[47]

Obwohl während des Zweiten Weltkrieges die heutige Theorie der Qualitätssicherung weitgehend unbekannt war, scheint bis in die Gegenwart in der Praxis eine Ähnlichkeit mit den Aufgaben des öffentl. Auftraggebers/industriellen Auftragnehmers zu bestehen.

2.2.4 Fertigungsstundenaufwand und Herstellungskosten

Aufgrund der vorliegenden leider nur spärlichen Unterlagen wurden für die notwendigen Arbeitsgänge bei der Montage und dem Schweißen eines Satzes Panther-Panzergehäuse (Turm und Wanne), jeweils in Abhängigkeit von den bei der Fertigung auftretenden Erschwernissen, schätzungsweise 500-650 Fertigungsstunden benötigt.

Anhand des vorliegenden Materials ist zu erkennen, dass die tatsächlich benötigten Fertigungsstunden, auch beim rein austenitischen Schweißen, teilweise um 30% über den Vorgabezeiten lagen. In einem Bericht wird das auf mangelhafte Qualität der Schweißungen und die damit verbundenen Nacharbeiten zurückgeführt. Andererseits wird an anderer Stelle eine bestimmte

---

47 IWM, London, BIOS F.R. 614, S. 56.

Stundenzahl für Nacharbeiten als Richtwert angegeben, die im zugehörigen Beispiel ihrerseits ebenfalls überschritten wurde. Es ist auch nicht eindeutig zu erkennen, ob die Überschreitung der Sollzeiten mit erzwungenen Fertigungsunterbrechungen durch Fliegeralarme o.ä. zusammenhängen.[48]

Die Kosten für einen Gehäusesatz differierten augenscheinlich bei den verschiedenen Herstellern erheblich. Krupp stellte im September 1943 einen Preis von 43.500 Reichsmark in Aussicht,[49] die Bankhütte in Oberschlesien veranschlagte einen Stückpreis von 50.000 Reichsmark und rechnete im April 1945 schließlich Forderungen von nur noch 22.500 Reichsmark[50] aus.

2.3 Fertigungs- und Produktqualität

Bezüglich der durch die alliierten Fachleute festgestellten Fertigungsqualität der Gehäuse bestehen widersprüchliche Aussagen. Es scheint sich die von deutscher Seite abweichende Philosophie bezüglich der Panzergehäuseherstellung widerzuspiegeln, die einem vollständigen Schweißen der Gehäuse etwas skeptisch gegenüber stand. So behaupteten englische Fachingenieure 1946, die deutschen Panzergehäuse hätten sich wegen eines grundsätzlichen Fehlers im Schweißverfahren während des Krieges relativ schlecht gehalten.[51]

Es wird berichtet, die Qualität der Schweißungen bei DHHV und Krupp (an den vorgefundenen Panther- und Tiger II-Gehäusen) sei nur bei oberflächlicher Untersuchung zufriedenstellend, „wie das beim Schweißen ohne Aufsicht häufig der Fall sei". Die vorgefundenen Heftnähte und teilweise geschweißten Nähte seien in den meisten Fällen von geringer Qualität. Daher habe in dieser späten Produktionsphase die Nacharbeit gerissener Schweißnähte in großem Umfang Schweißpersonal gebunden. Das vorgeschriebene Ausfüllen der Fugen der verzahnten und verzapften Bleche mit einem stramm sitzenden, einteiligen Futterblech sei nicht korrekt durchgeführt worden, wie an durchgeführten Schnitt-Proben zu sehen sei. Der Verantwortliche der Qualitätskontrolle des DHHV habe dazu bemerkt, dass eine 100%-ig fehlerfreie Arbeit bei Panzergehäusen nicht erforderlich und der Produktionsausstoß die Hauptforderung gewesen sei.[52] Ein anderer alliierter Report hingegen räumt zwar ein, dass man in diversen Firmen Gehäuse mit Reparatur- bzw. Nacharbeitsstellen gefunden

---

48 Frank Köhler, Die Fertigung von Panzergehäusen während des Zweiten Weltkrieges in Deutschland, Bundesamt für Wehrtechnik und Beschaffung, Koblenz, 1998-2007, S. 7 mit Verweis auf IWM London, BIOS F.R. 614, S. 50 ff.

49 BA/MA RH8-2787, Blatt 134.

50 Mirosław Sikora: Panther-Programm na Górnym Śląsku. Technika Wojskowa Historia, 1/2010, S. 58–67, 35.000 RM für Wanne und 15.000 RM für Turm

51 Rau 1972, S. 48.

52 IWM, London, BIOS F.R. (Final Report) 614, S. 6 ff.

habe, dass aber die Qualität, nach visueller Überprüfung, generell gut sei.[53]

Die US Army untersuchte diverse, unter anderem auch bei Beschussversuchen gebrochene, Panther-Panzerungsteile. Die umfangreichen metallurgischen Untersuchungen stellten den untersuchten Blechen und Schweißnähten kein gutes Zeugnis aus.[54]

Der in diesen Fragen auf deutscher Seite maßgebliche Ingenieur Walter Rau hält der an anderer Stelle geäußerten alliierten Kritik die hohen Stückzahlen der in Deutschland nach diesem Verfahren hergestellten Panzergehäuse und deren Erfolge entgegen. Er hielt es für „erwiesen, daß selbst bei kriegsmäßigen Überbeanspruchungen beim Fahren ebensowenig wie durch zumutbare Feindtreffer auch nur ein einziges deutsches Panzergehäuse durch Risse an oder in Schweißnähten unbrauchbar geworden wäre".[55]

3. Kontinuität

Es ist zu erkennen, dass die Herstellung der Gehäuse in der geforderten Qualität und Quantität nur mit einem Stamm hochqualifizierter und erfahrener Facharbeiter gelingen konnte. Durch die nicht sicher vorauszuberechnenden Richt- und Anpassarbeiten beim Montieren, sowie schwierige Schweißarbeiten mit nachfolgenden Instandsetzungen wegen auftretender Rissbildung, war hier eine unproblematische „Fließbandarbeit" mit leicht erlernbaren Handgriffen nicht möglich.

Schon 1956 waren sich die bundesdeutschen Militärstellen über die eingeschränkte Eignung der aus US-Beständen kommenden Kampfpanzer im Klaren. Man beabsichtigte daher, geeignetere Konstruktionen im eigenen Land entwickeln und fertigen zu lassen. Bekannterweise waren in Deutschland nach dem Zweiten Weltkrieg alle militärtechnischen Fertigungen und Entwicklungsvorhaben verboten. Die wichtigsten unzerstörten Mittel zur Kriegsproduktion waren demontiert oder zerstört, Rüstungsspezialisten daher in alle Winde zerstreut, und große Teile der deutschen Nachkriegsindustrie in den 50er Jahren nicht bereit, bei der Entwicklung von eigenen Konstruktionen mitzuwirken. Die bundesdeutschen Möglichkeiten zur Herstellung eigener gepanzerter Kettenfahrzeuge erschienen daher recht dürftig. Es gelang jedoch, schon 1956 auf der Basis im Krieg bewährter Stahlmarken eine Probeherstellung von Panzerstahlblechen bis 30 mm Dicke zu beginnen. Auch für die benötigten Teile

---

53 vgl. IWM, London, CIOS XXIX-44, S.27, Pkt. III G.

54 ADA954940, Watertown Arsenal Laboratory, Experimental Report NO. WAL. 710/750, ARMOR, Metallurgical Examination of Armor and Welded Joints from the Side of a German PzKw (Panther) Tank, 26 May 1945. ADA954952, Watertown Arsenal Laboratory, Experimental Report NO. WAL. 710/715, ARMOR, Metallurgical Examination of a 3-1/4" Thick Armor Plate from a German PzKw (Panther) Tank, 18 January 1945.

55 Rau 1972, S. 49.

aus Panzerstahlguss waren Fertigungsmöglichkeiten gegeben. Demgegenüber mussten Konstrukteure für Panzergehäuse mühsam ausfindig gemacht werden. Es fanden sich nur wenige Fachkräfte, die bereit waren, mit durchaus vagen Zukunftsaussichten in dieser Branche wieder neu zu beginnen.

Alle technischen Einrichtungen für die Panzerstahlerzeugung mussten neu erstellt werden, und da die deutsche Stahlindustrie verständlicherweise nicht daran dachte, mit einer neuen Rüstungsfabrikation ein unkalkulierbares Risiko einzugehen, gab die Bundesregierung beispielsweise der sich dafür interessierenden Ruhrstahl AG, Werke Henrichshütte und Witten-Annen eine Investitionshilfe, um eine moderne Panzerfertigung mit ausreichender Kapazität zu ermöglichen. Dort waren die meisten verwendbaren Anlageteile für diesen Zweck und noch einige wenige Fachleute aus der Kriegsfertigung vorhanden. Zwei Jahre später wurde bei der Phönix-Rheinrohr AG in Mülheim/Ruhr eine Parallelfertigung für Panzerbleche eingerichtet.[56]

Ein Teil der Gehäuse des für die Bundeswehr weiterentwickelten französischen Schützenpanzers Hotchkiss (TT6) konnte in der Bundesrepublik nach konstruktiver Überarbeitung ab 1958 wieder aus deutschem Panzerstahl hergestellt werden. Ähnlich verhielt es sich bei der Fertigung des Schützenpanzers lang HS 30, die ab 1957/58 zur Hälfte in England gefertigt wurden. Die durchgeführten Vergleichsprüfungen mit dem französischen und englischen Panzermaterial erbrachten erneut den Nachweis der Richtigkeit deutscher panzertechnischer Erfahrungen.[57]

Die Konstruktion des aus homogenem Walzstahl bestehenden Wannengehäuses des ab 1956 in Deutschland entwickelten Kampfpanzers Leopard 1 folgte schließlich den nun schon hergebrachten Prinzipien des deutschen Panzergehäusebaues.

---

56 Rau 1972, S. 114–128.
57 Rau 1972, S. 121–130.

Flakstellung in den Ruhrwiesen vor Hochofen 3 (Stadtarchiv Hattingen)

Ralf Blank

„Battle of the Ruhr." Luftkrieg gegen eine Industrieregion
Die „Waffenschmiede" des Deutschen Reiches?

Kaum eine andere Region in Europa war während des Zweiten Weltkriegs von Bombardierungen derartig umfassend betroffen wie das Ruhrgebiet. Seit Beginn des 20. Jahrhunderts hatte sich die Region zu einem der größten Bevölkerungszentren und zum leistungsstärksten Wirtschaftsraum des Kontinents entwickelt.[1] Geographisch erstreckt sich dieses Gebiet vom Rhein bei Duisburg im Westen bis nach Hamm im Osten sowie annähernd zwischen den Flüssen Lippe im Norden und Ruhr im Süden.[2] Im Jahre 1939 lebten hier mehr als vier Millionen Menschen.

Das Ruhrgebiet war von Steinkohlebergbau und Stahlindustrie geprägt – Bergwerke, Kokereien und Hochöfen bestimmten das Erscheinungsbild der Region. Ruhrkohle war als Rohstoff für die Stahlerzeugung, die Reichsbahn, die Energieerzeugung sowie vor allem auch als Heizmittel in Privathaushalten notwendig. Vor dem Hintergrund der nationalsozialistischen Autarkiepolitik entstanden zahlreiche Betriebe zur Erzeugung von synthetischem Benzin über die Kohlehydrierung (Fischer-Tropsch-Verfahren) sowie anderen chemischen Produkten.[3] Die größten Hydrierwerke lagen in Gelsenkirchen, Bottrop, Oberhausen, Bottrop, Bergkamen und Dortmund. Von wesentlicher Bedeutung waren auch

---

1   Vortrag im LWL-Industriemuseum Henrichshütte Hattingen am 27.06.2014.

2   Zum Ruhrgebiet vgl. Karl Ditt/Klaus Tenfelde (Hg.): Das Ruhrgebiet in Rheinland und Westfalen. Koexistenz und Konkurrenz des Raumbewusstseins im 19. und 20. Jahrhundert, (Forschungen zur Regionalgeschichte 57), Paderborn u.a. 2008.

3   Zur Hydrierindustrie s. Wolfgang Birkenfeld: Der synthetische Treibstoff 1933-1945. Ein Beitrag zur nationalsozialistischen Wirtschafts- und Rüstungspolitik, (Studien und Dokumente zur Geschichte des Zweiten Weltkrieges 8), Göttingen u.a. 1964. Boy Cornils: Die Fischer-Tropsch-Synthese von 1936 bis 1945. Treibstoff-Synthese oder Benzinreaktion für Chemierohstoffe, in: Technikgeschichte 64 (1997), S. 205-230. Die Hydrierwerke produzierten auch chemische Beiprodukte wie z. B. Nitrogen und Ethylen. Bis Sommer 1944 lieferten allein die Fischer-Tropsch-Hydrierwerke in Oberhausen-Holten (Ruhrchemie), Wanne-Eickel (Krupp) und Castrop-Rauxel (Gewerkschaft Victor) monatlich rund 4.000 Tonnen des zur Herstellung von Sprengstoffen wichtigen Nitrogen. Von den 1943 produzierten 643.000 Tonnen Benzol wurden allein 60% von Kokereien im Ruhrgebiet geliefert. Im ersten Halbjahr 1944 fanden 56% des Produktionsausstoßes von Benzol für Treibstoff, 24% für Sprengstoffe, 15% in der chemischen Weiterverarbeitung und 5% in der Herstellung von synthetischem Gummi eine Verwendung. Gleichzeitig lieferten die Benzolbetriebe der Kokereien 68% des zur Herstellung von TNT-Sprengstoff notwendigen Toluol; in der 2. Hälfte 1944 war dieser Anteil durch den Ausfall von Hydrierwerken nach Bombenangriffen auf 82% gestiegen; USSBS Oil Division, Final Report, National Archiv, College Park, RG 243:100.

die zahlreichen Kraftwerke, die über ein weit verzweigtes Verbundnetz große Teile des Deutschen Reiches mit Energie versorgten.

Das Ruhrgebiet galt als die „Waffenschmiede des Reiches". Diese Einschätzung geht vor allem auf die Bedeutung der Krupp-Werke in Essen zurück. In der aktuellen historischen Forschung wird die tatsächliche Rolle des Ruhrgebiets für die Kriegsrüstung jedoch differenzierter gesehen.[4] Unstrittig ist, dass diese Region in der deutschen Rüstungswirtschaft eine zentrale Position einnahm.[5] Als Lieferant von Stahlgehäusen für nahezu alle deutschen Kampfpanzer,[6] von Ausrüstungsteilen für Luftwaffe und Marine, von Geschützen und Panzerblechen, Bomben und Granaten besaß das Industrierevier eine herausragende Bedeutung. Darüber hinaus gab es weitere kriegswichtige Unternehmen:[7] Das Stammwerk der Accumulatoren Fabrik AG in Hagen fertigte Spezialbatterien für U-Boote, Torpedos, Flugzeuge und Raketen.[8] Das ‚Lippewerk' der Vereinigten Aluminiumwerke AG wurde im Zuge der forcierten Autarkiepolitik ab 1936 zu einem wichtigen Lieferanten für Aluminium, in Marl-Hüls produzierte die IG Farben synthetisches Gummi (Buna), einen ebenfalls ‚strategischen Rohstoff'.[9] Das Ruhrgebiet besaß zudem eine Schlüsselfunktion für den Güter- und

---

4 Für eine realistische Bewertung dieser zeitgenössischen Einschätzung vgl. Lutz Budraß: Das Ruhrgebiet und die nationalsozialistische Rüstungspolitik. Einige Anmerkungen zum Bild der „Waffenschmiede des Reiches", in: Manfred Rasch (Hg.): Technikgeschichte im Ruhrgebiet, Technikgeschichte für das Ruhrgebiet. Essen 2004, S. 687-709.

5 Vgl. etwa Anlage zum Reisebericht Speers v. 15.9.1944. Bundesarchiv Berlin, R 3/1539, Bl. 4f. Hier besonders die Aussage: „ohne das Rheinisch-Westfälische Industriegebiet ist eine Fortführung des Krieges nicht möglich."

6 Hierzu Harmut H. Knittel: Panzerfertigung im Zweiten Weltkrieg. Industrieproduktion für die deutsche Wehrmacht, Herford 1988. Dieter Hanel: Die Panzerindustrie, Bonn 2000.

7 Einen Überblick über die Produktion sowie teilweise auch über die produzierten Waffen und Zubehörteile geben die von 1939 bis Frühjahr 1944 erhaltenen Tagebücher der Rüstungsbehörden; Bundesarchiv – Militärarchiv Freiburg, RW 21-14: Kriegstagebuch Rüstungskommando Dortmund, RW 21-41: Kriegstagebuch Rüstungskommando Lüdenscheid, RW 20-6: Kriegstagebuch Rüstungsinspektion VI.

8 Ab 1962 in Varta Batterie AG umbenannt, seit 1995 ein Teil der EnerSys – Hawker GmbH, vgl. Ralf Blank: Energie für die „Vergeltung". Die Accumulatoren Fabrik AG Berlin-Hagen und das deutsche Raketenprogramm im Zweiten Weltkrieg, in: Militärgeschichtliche Zeitschrift 66 (2007), S. 101-118.

9 Wolfgang Fleischer: Gummi und Krieg. Zur militärischen Verwendung von Gummi in Deutschland bis 1945, in: Ulrich Giersch /Ulrich Kubisch (Hg.): Gummi. Die elastische Faszination, Berlin 1995, S. 144-151, Wilhelm Treue: Gummi in Deutschland. Die deutsche Kautschukversorgung und Gummi-Industrie im Rahmen weltwirtschaftlicher Entwicklung, München 1955.

Personenverkehr im Deutschen Reich.[10] Die von einem umfangreichen Gleisnetz durchzogene Region funktionierte wie eine gewaltige Drehscheibe und als Knotenpunkt für den Bahnverkehr in alle Himmelsrichtungen. Über die „Kohlenpforten", gut ausgebaute Verschiebebahnhöfe an den Rändern des Ruhrgebiets, wurde Steinkohle in alle Gebiete Deutschlands weitergeleitet. Der Verschiebebahnhof in Hamm war der größte Rangierbahnhof im Deutschen Reich und einer der wichtigsten Bahnhöfe auf dem europäischen Kontinent.[11]

Erste Luftangriffe

Die alliierten Zielstäbe definierten das Ruhrgebiet im Zweiten Weltkrieg als eine geschlossene und sich über den gesamten westdeutschen Raum erstreckende Industrielandschaft. Neben dem eigentlichen Kerngebiet mit den bevölkerungsreichen Oberzentren Essen und Duisburg im Westen sowie Bochum und Dortmund im Osten zählten sie auch Köln, Düsseldorf und Aachen, Wuppertal, Münster, Paderborn und Bielefeld sowie Siegen zur "Ruhr area." Das Ruhrgebiet wurde bereits im Ersten Weltkrieg Ziel vereinzelter Luftangriffe, deren Auswirkungen jedoch gering waren.[12] In Großbritannien und Frankreich gab es umfangreiche Zielplanungen, um im Frühjahr 1919 den strategischen Luftkrieg zu eröffnen.[13] Das Air Ministry in London verfügte daher schon vor 1939 über Beschreibungen potentieller industrieller und infrastruktueller Angriffsziele in der Region.[14]

Auch die NS-Verwaltung bereitete sich auf den Krieg vor: Im „Dritten Reich" unterteilte die NSDAP das Ruhrgebiet in vier Parteigaue, die sich an

---

10   Die Reichsbahndirektion (RD) Essen und die angrenzenden Gebiete der Reichsbahndirektionen Wuppertal, Köln, Münster und Kassel waren von großer Bedeutung. In der RD Essen wurde 10% der gesamten Rangierkapazität abgefertigt, gleichzeitig übernahm sie die Abfuhr von 35% aller Kohletransporte im Reich. Die wichtigsten Verschiebebahnhöfe waren: Hamm (RD Essen; 10.000 Wagen tägl.), Wedau (RD Essen; 7.000 Wagen tägl.), Hagen-Vorhalle (RD Wuppertal; 3.800 Wagen tägl.), Soest (RD Kassel; 4.000 Wagen tägl.), Schwerte-Geisecke (RD Wuppertal; 3.000 Wagen tägl.), Wanne-Eickel (RD Essen; 6.800 Wagen tägl.), Münster (RD Münster, 2.000 Wagen tägl.) und Osterfeld-Süd (RD Essen, 5.000 Wagen tägl.). Vgl. auch USSBS-Report No. 200: The Effects of Strategic Bombing on German Transportation, January 1947, National Archiv, College Park, RG 243:200.

11   Ralf Blank: „Target Gudgeon" – Hamm und die alliierte Luftkriegsführung 1940 bis 1944, in: Der Märker 59 (2010).

12   Ralf Blank: "Heimatfront" unter Bomben. Die Anfänge des strategischen Luftkriegs, in: An der „Heimatfront" – Westfalen und Lippe im Ersten Weltkrieg, hg. vom Landschaftsverband Westfalen-Lippe, Münster 2014, S. 136-147.

13   Zu den Angriffsplänen vgl. Neville Jones: The Origins of Strategic Bombing, London 1973. Joachim Kuropka: Die britische Luftkriegskonzeption gegen Deutschland im Ersten Weltkrieg, in: Militärgeschichtliche Mitteilungen 27 (1980), H. 1, S. 7–24. Ralf Blank: „Die Stadt Hagen ist kein leicht zu findender Ort..." Geplante Bombenangriffe auf Hagen im Ersten Weltkrieg, in: Hagener Jahrbuch 2 (1996), S. 141-158.

14   List of targets in Germany, January 1939; National Archiv London, AIR 14/350, AIR 14/401.

den Bezirken der preußischen Regierungsbezirke und Provinzen orientierten.[15] Im Norden lag der Gau Westfalen-Nord mit der Gauhauptstadt Münster, die gleichzeitig auch Sitz der westfälischen Provinzialverwaltung war. Der Gau Westfalen-Süd umfasste den Regierungsbezirk Arnsberg und hatte Bochum als Gauhauptstadt. Der Gau Essen reichte bis an den Niederrhein und schloss sich westlich und südlich an den größeren Gau Düsseldorf an. Am 1. September 1939 wurde der Essener Gauleiter Josef Terboven zum Reichsverteidigungskommissar für den gesamten Wehrkreis VI (Münster) ernannt und somit für die Organisation des Luftschutzes in seinem Bereich zuständig.[16] Nachdem es immer wieder zu Kompetenzproblemen unter den nach territorialer Hegemonie strebenden Gauleitern gekommen war, wurden sie im November 1942 zu Reichsverteidigungskommissaren in ihren Gaugebieten ernannt.

Nach dem deutschen Angriff im Westen flog die Royal Air Force ab dem 15. Mai 1940 Angriffe auf das Ruhrgebiet. Sie zielten zunächst auf Industrieanlagen und Verschiebebahnhöfe. Doch schon im April 1940, einen Monat vor Beginn des strategischen Bombenkriegs gegen Deutschland, vermerkte eine Zieldirektive für das Bomber Command, dass durch ständige Luftalarme auch eine Schwächung der Kriegsmoral der Industriearbeiter bewirkt werden sollte.[17] Tatsächlich bewirkten die Angriffe schon im Sommer und Herbst 1940 durch fehlende Nachtruhe starke Fehlzeiten und größere Produktionsausfälle in Stahlindustrie und Steinkohlenbergbau.[18] In einigen Städten des Ruhrgebiets wurde sogar der Schulunterricht zeitweise ausgesetzt. Bereits am 15. Mai 1940 – und damit nur wenige Stunden vor dem eigentlichen Beginn des strategischen Bombenkriegs – sah sich die Presse im NS-Gau Essen dazu veranlasst, phrasenhaft-propagandistisch zu verkünden, dass die Bevölkerung des Ruhrgaues trotz der gefallenen Bomben „in ihrer Haltung unbeirrbar" sei und das „so [...] immer sein [werde]!"[19]

---

15 Exemplarisch für eine Regionalherrschaft der Nationalsozialisten vgl. Armin Nolzen: Die westfälische NSDAP im „Dritten Reich", in: Westfälische Forschungen 55 (2005), S. 423-469.

16 Terboven war auch Oberpräsident der Rheinprovinz und wurde im April 1940 zum Reichskommissar für die besetzten norwegischen Gebiete ernannt. Anschließend übernahm Josef Grohé, Gauleiter in Köln-Aachen und neuer Oberpräsident der Rheinprovinz, das Amt, bis im November 1942 die Neuorganisation der Reichsverteidigungsbezirke erfolgte. Zu den Reichsverteidigungskommissaren vgl. Karl Teppe: Der Reichsverteidigungskommissar. Organisation und Praxis in Westfalen, in: Dieter Rebentisch /Karl Teppe (Hg.): Verwaltung contra Menschenführung im Staat Hitlers. Studien zum politisch-administrativen System, Göttingen 1986, S. 278–301.

17 Air Ministry Directive, 21.4.1940, National Archiv London, AIR 14/776.

18 Heinz Boberach (Hg.): Meldungen aus dem Reich. Die geheimen Lageberichte des Sicherheitsdienstes der SS 1938–1945, Bd. 1–17, Herrsching 1984 (künftig als Meldungen aus dem Reich zitiert), hier Bd. 5, S. 1431 (Bericht 110 v. 29.7.1940).

19 Kriegschronik der Stadt Oberhausen, Nr. 131 v. 15.5.1940; Stadtarchiv Oberhausen.

Trotz dieser Beteuerungen nahm die Unruhe innerhalb der Bevölkerung zu. Der Grund hierfür waren weniger die Luftangriffe, sondern der oft ausbleibende Fliegeralarm.[20] Die mangelhafte Luftwarnung wurde vom Stellvertretenden Gauleiter von Westfalen-Süd, dem Hagener Oberbürgermeister Heinrich Vetter,[21] auf einer Sitzung des Reichsverteidigungsausschusses im Wehrkreis VI am 22. Mai 1940 offen angesprochen. Er kritisierte, „dass jahrelang, als noch kein Krieg war, der Bevölkerung eingeübt worden sei, bei Luftangriffen die Keller aufzusuchen. Jetzt, da tatsächlich Krieg sei und Bomben fielen, da erfolge keine Warnung und solle die Bevölkerung auf ihren Plätzen verbleiben."[22] Diesbezüglich hatte sich Vetter zuvor schon direkt an den ‚Stellvertreter des Führers' gewandt, um eine Intervention bei den zuständigen Dienststellen der Luftwaffe zu erreichen. Im Verlauf des Krieges wurde das Warnsystem immer weiter ausgebaut und neue Warnsignale eingeführt, bevor es ab Herbst 1944 unter den massiven alliierten Luftschlägen zusammenbrach.

Bis zum Jahresende 1940 unternahm das Bomber Command Nacht für Nacht Einsätze gegen das Rhein-Ruhr-Gebiet. In den Sommermonaten flogen einzelne britische Flugzeuge auch am Tage in das Reichsgebiet ein. Wegen der ausbleibenden Alarmierung – die deutsche Flugabwehr wurde von den durch die Wolkendecke hindurch stoßenden Maschinen häufig überrascht – entstanden hohe Verluste unter der Zivilbevölkerung. Am 26. Juni 1940 griff beispielsweise ein zweimotoriger Blenheim-Bomber das Stadtzentrum von Herne an, wodurch sieben Personen, darunter fünf Kinder, den Tod fanden.[23] Ähnlich verlief am 2. Juli 1940 der Angriff einer einzelnen Maschine auf das Bahnhofsviertel in Hamm, der fünf Todesopfer forderte.

Die wirtschaftlichen Auswirkungen des Luftkriegs wurden im Kriegsjahr 1940 weniger durch direkte Bombentreffer als vielmehr durch den psychologischen Eindruck der Angriffe auf die Arbeiter sowie durch den Produk-

---

20 Schreiben des Gauleiters von Westfalen-Süd, Josef Wagner, an den Reichsverteidigungskommissar für den Wehrkreis VI v. 27.6.1940 betr. Unruhe in der Bevölkerung. Landesarchiv NRW, Abteilung Westfalen, Oberpräsidium, Nr. 5188.

21 Ralf Blank: Zur Biografie des Hagener Oberbürgermeisters und stellvertretenden Gauleiters in Westfalen-Süd, Heinrich Vetter (1890-1969), in: WZ 151/152 (2001/2002), S. 414-447.

22 Protokoll der Sitzung des Reichsverteidigungsausschusses im Wehrkreis VI am 22. Mai 1940 in Münster, 24.5.1940, Landesarchiv NRW, Abteilung Westfalen, Oberpräsidium Nr. 5175, Bl. 13.

23 Tagebuch der Ortsgruppe Herne des Reichsluftschutzbundes, Bd. 1 (26.6.1940); Stadtarchiv Herne, Bestand Herne.

tionsausfall in der Industrie bestimmt.[24] Während der oft mehrere Stunden dauernden Fliegeralarme mussten die Industrieanlagen verdunkelt werden. Für die Hochöfen der Stahlwerke stellte diese Maßnahme ein besonderes Problem dar, weil während der Angriffe der Abstich der feuerflüssigen Massen verzögert werden musste. Produktionsausfälle in den nachgeschalteten Betrieben waren die unvermeidbaren Folgen. In der ersten Dezember-Woche 1940 betrug der so verursachte Produktionsausfall allein in den Stahlwerken des Hoesch-Konzerns in Dortmund 1.480 t Roheisen und 1.926 t Rohstahl, der des Dortmund-Hörder-Hüttenvereins 705 t Roheisen und 2.356 t Rohstahl. Die im Herbst und Winter 1940 entstandenen Produktionsausfälle wirkten sich noch in den ersten drei Monaten des Jahres 1941 aus, obgleich die Zahl der Fliegeralarme damals deutlich zurückgegangen war.[25] So waren häufige Fliegeralarme und ungeübtes Personal die Ursache für Engpässe bei der Panzerfertigung des Dortmunder Hüttenvereins. Das Plansoll von monatlich 50 Gehäusesätzen für den Panzerkampfwagen IV wurde im Januar und Februar 1941 nicht erreicht. Erst im März und April 1941 ließ es sich erfüllen, um zwei Monate später, pünktlich zu Beginn des deutschen Angriffs auf die Sowjetunion, sogar überschritten zu werden.

Die ständigen Luftalarme zeigten bald auch erste Wirkungen auf die physische und psychische Verfassung der Zivilbevölkerung. Der SS-Sicherheitsdienst (SD) berichtete am 29. Juli 1940: „So meldet Dortmund einen Rückgang der Förderung des dortigen Bergbaus infolge Übermüdung und Nachlassens der Spannkraft. Viele Gefolgschaftsmitglieder hätten bis zu den Zechen weite Anmarschwege zurückzulegen, infolgedessen bliebe ihnen nach Ende des Alarms nur kurze Zeit zum Schlafen."[26] Diese Situation war nach Ansicht von Dortmunder Bergleuten auch für die Schlagwetterexplosion auf der Zeche

---

24 In einem Bericht der Rüstungswirtschaftlichen Abteilung im Oberkommando der Wehrmacht wurden die Auswirkungen der britischen Nachtangriffe im Zeitraum 10.5. bis 10.7.1940 analysiert. Dieser Bericht kam zumindest für den Auswertungszeitraum zu dem Rückschluss, dass die wirtschaftlichen Auswirkungen der Angriffe gering bis unbedeutend waren. Andererseits betonte dieser Bericht aber auch die Nebeneffekte der britischen Nachtangriffe auf die Arbeitskraft der Beschäftigten. Der Bericht ist ediert in: Kurt Mehner (Hg.): Die geheimen Tagesberichte der deutschen Wehrmachtführung im Zweiten Weltkrieg 1939–1945. (Veröffentlichung deutschen Quellenmaterials zum Zweiten Weltkrieg, R. III), 12 Bde., Osnabrück 1992, hier Bd. 2, S. 506ff. Folgenreicher waren dagegen mehrfache Angriffe auf den Dortmund-Ems-Kanal bei Ladbergen bei Münster, besonders der Angriff in der Nacht des 12./13.8.1940. 11 zweimotorige Hampden der 5. Bomberflotte griffen in dieser Nacht die Kanalüberführung im Tiefflug an. Als Folge wurde diese wichtige Binnenschifffahrtslinie für einige Wochen unterbrochen, vgl. Martin Middlebrook, Martin/Chris Everitt: The Bomber Command War Diaries, Middlesex 1985, S. 72. Meldungen aus dem Reich, Bd. 5, S. 1497 (Nr. 117, 22.8.1940). Die Auswirkungen des Angriffs wirkten sich auch kurzzeitig auf die Umschlagstonnage des Dortmunder Hafens aus: Operational Research Section, Report No. S 238; National Archiv London, AIR 14/1522.

25 Kriegstagebücher des Rüstungskommandos Dortmund III., IV. Quartal 1940/41, II.-III. Quartal 1941; Bundesarchiv – Militärarchiv Freiburg, RW 21-14/4-7.

26 Meldungen aus dem Reich, Bd. 5, S. 1431 (Nr. 110, 29.7.1940).

Hansa in Dortmund-Huckarde am Vormittag des 4. Juli 1940 mitverantwortlich, bei der 51 Bergleute den Tod fanden.[27] In Dortmund verursachten zur selben Zeit Gerüchte über den Absprung von feindlichen Fallschirmjägern und bevorstehende Gasangriffe eine Panikstimmung „in einem bedenklichen Umfang." Der SD stellte jedoch abschließend fest, dass die allgemein positive Stimmung unter der Bevölkerung durch die Bombenangriffe „im Kern" nicht getroffen werde: „Zum Teil nehme man sie mit Humor hin."[28]

In der nationalsozialistischen Propaganda wurden die Auswirkungen der britischen Angriffe heruntergespielt. Zufällige Bombentreffer auf Kirchen und Krankenhäuser, wie im September 1940 auf die Krankenanstalten in Bethel bei Bielefeld, waren willkommener Anlass, um die britische Luftkriegsführung der „Luftpiraten" und „Terrorflieger" öffentlich zu brandmarken. Doch gerade hier zeigte sich die Verlogenheit und der verbrecherische Charakter des NS-Regimes, denn in Bethel lief zu dieser Zeit der systematische Mord an psychisch Kranken und „auffällig" eingestuften Personen auf Hochtouren, wurden bis August 1941 über 100.000 Menschen vergiftet oder in Gaskammern erstickt.[29]

Area bombing

Zu Beginn des Kriegsjahres 1941 ging das Bomber Command dazu über, die bis dahin einzeln oder in kleinen Formationen operierenden Maschinen in geschlossenen Verbänden gegen Einzelziele zu konzentrieren – ein erstmalig von der deutschen Luftwaffe während der "Battle of Britain" 1940/41 praktiziertes Verfahren. Bereits in der Nacht des 9./10. Januar 1941 griffen 135 britische Maschinen die Hydrierwerke in Gelsenkirchen an. Während dieser Angriff zu keinen nennenswerten Schäden führte, verlief ein Angriff von rund 100 Maschinen auf Gelsenkirchen am 14./15. März 1941 wesentlich erfolgreicher, da er das Hydrierwerk Scholven für zwei Wochen teilweise lahm legte.[30]

Der Wechsel zu Flächenangriffen auf das bebaute Gebiet ganzer Städte verlief dynamisch. Die Dortmunder Stadtarchivarin Dr. Luise von Winterfeld erlebte im August 1941 einen Angriff auf ihre Stadt: „Die feindlichen Einflüge kamen in Wellen. Dortmund war das Hauptangriffsziel. Die Fliegertätigkeit

---

27 Ebenda, S. 1365 (Nr. 104, 11.7.1940).
28 Ebenda, S. 1335 (Nr. 102, 4.7.1940).
29 Zum Vorgang vgl. Ralf Blank: Kriegsalltag und Luftkrieg an der „Heimatfront", in: Das Deutsche Reich und der Zweite Weltkrieg, Bd. 9: Die deutsche Kriegsgesellschaft 1939 bis 1945, Teilbd. 1: Politisierung – Vernichtung – Überleben. Hrsg. im Auftrag des Militärgeschichtlichen Forschungsamtes von Jörg Echternkamp, München 2004, S. 357–461, hier S. XX.
30 Middlebrook/Everitt 1985, S. 135. Die deutsche Luftwaffe flog in dieser Nacht mit 451 Maschinen drei konzentrierte Angriffe auf Glasgow, Sheffield und Leeds.

dauerte ununterbrochen an, trotz starker Flakabwehr. Wir hörten die Bomben heulen und pfeifen und tönen, wie wir es bisher vorher gekannt hatten. Die Engländer zielten besonders auf das Hoeschviertel."[31]

Im September 1941 erhielt Churchill ein Memorandum, das einen Plan für die Zerstörung von 42 nach wirtschaftlichen Gesichtspunkten ausgewählten deutschen Städten enthielt und eine Umsetzung versprach, wenn die Politik für die Bereitstellung von 4.000 schweren Bombern sorgte.[32] Das Reichsgebiet war in zwei Gruppen (A und B) unterteilt, wobei die in drei Bereiche unterteilte Gruppe A 30 Städte in West- und Südwestdeutschland sowie im Norden des Reiches. 17 Städte lagen in der "Ruhr area", die in diesem Konzept an erster Stelle genannt wurde.

Zunächst waren die Bombenangriffe bis weit in das Frühjahr 1942 hinein für die Royal Air Force wenig erfolgreich. Sie verursachten im Vergleich zu den Bombardierungen der deutschen Luftwaffe auf Großbritannien und andere europäische Länder, die bis dahin schon Zehntausende zivile Todesopfer gefordert hatten, kaum nennenswerte Schäden und nur geringe Verluste unter der Bevölkerung. Das änderte sich jedoch mit der Hinwendung zu Flächenangriffen, die im Februar 1942 vom britischen Kriegskabinett beschlossen wurden.[33]

Wie unterschiedlich die Entwicklung des Luftkriegs von deutscher Seite beurteilt wurde, verdeutlichen zwei Aussagen der NSDAP und der Luftschutzpolizei. Noch am 30. September 1940 hatte Martin Bormann, damaliger Stabsleiter beim „Stellvertreter des Führers", den Gauleitern versichert, dass die britische Luftwaffe nicht imstande sei, „wirklich erfolgreiche Bombardierungen" durchzuführen. Sie verfüge „weder über die dazu notwendige Anzahl von Flugzeugen, noch über die erforderlichen Bomben."[34] Ganz anders wurde die Situation dagegen von der Luftschutzpolizei im Ruhrgebiet gesehen, die bereits Anfang 1941 bei einem Planspiel für die Stadt Recklinghausen feststellen musste, dass „mit einem konzentrierten Großangriff, wie er auf die Stadt Bremen erfolgte, nun auch im Ruhrgebiet ständig gerechnet werden muss."[35]

---

31 Kriegschronik der Stadt Dortmund, Eintrag v. 8.8.1941 – Stadtarchiv Dortmund, Bestand 424–13.

32 Memorandum of RAF, 21.9.1941; National Archiv London, AIR 20/3718.

33 Charles Webster/Noble Frankland: The Strategic Air Offensive against Germany 1939–1945, Vol. I-IV, London 1961, hier Bd. IV, S. 144–147 (Directive, 14.2.1942).

34 Anlage zum Rundschreiben von Bormann an alle Gauleiter v. 30.9.1940 betr. Luftschutz, Landesarchiv NRW, Abteilung Westfalen, Oberpräsidium 5197, Bl. 10

35 Niederschrift der Luftschutzplanbesprechung über einen Großeinsatz während und nach Durchführung eines mehrstündigen Luftangriffs auf eine Großstadt des Luftschutzortes 1. Ordnung Recklinghausen am 9.1.1941; Landesarchiv NRW, Abteilung Westfalen, Oberpräsidium 5197, Bl. 25–30. Der Hinweis auf Bremen bezog sich auf eine Serie von Luftangriffen zwischen dem 1./2. und 3./4.1.1941, die für damalige Verhältnisse hohe Personenverluste und schwere Sachschäden bewirkten, vgl. Middlebroock/Everitt 1985, S. 114f.

Luftoffensive gegen Städte an Rhein und Ruhr

Von März bis Juli 1942 unternahm das Bomber Command eine umfassende Serie von Luftangriffen gegen das Rheinland und Ruhrgebiet. Betroffen davon waren hauptsächlich die Städte Duisburg und Köln, doch vor allem Essen und in zwei Nächten auch Dortmund wurden zum Ziel von mehreren aufeinander folgenden, als Flächenbombardierungen konzipierte Luftoperationen mit jeweils mehr als 250 beteiligten Maschinen.[36] Während die am Rhein gelegenen Großstädte schwere Schäden und erstmalig hohe Bevölkerungsverluste verzeichneten, erwiesen sich die Luftangriffe auf Essen und Dortmund gemessen an Einsatzstärke und Umfang der Luftoperationen als Fehlschläge. Der über der dicht bebauten Städtelandschaft liegende Dunst aus Industriesmog und Bodennebel sowie die Flakabwehr und die damals noch unzureichenden Geräte zur Navigation und Zielfindung der Bomber verhinderten genaue Angriffe. Eine andere Situation zeigte sich am Rhein: Dort bot der weithin sichtbare Flusslauf einen idealen Orientierungspunkt. Während des 1.000-Bomber-Angriffs auf Köln am 30./31. Mai 1942 fanden über 460 Menschen den Tod – die bis dahin höchste Opferzahl bei einem einzigen Luftangriff gegen eine Stadt im Deutschen Reich.[37]

Die Rückwirkungen der verstärkten Flächenangriffe zwangen die politische Führung zu neuen Maßnahmen. Der inzwischen für den Wehrkreis VI zuständige Reichsverteidigungskommissar und Oberpräsident der Rheinprovinz, der Kölner Gauleiter Grohé, fasste am 9. Juni 1942 in einem Erlass zur Evakuierung von Frauen, Kindern und Greisen zwar im NS-Propagandajargon, doch in der Sache durchaus zutreffend die damals aktuelle Luftkriegssituation zusammen: „Die Großangriffe auf Köln in der Nacht zum 31.5. und auf Duisburg, Mülheim (Ruhr) und Oberhausen in der Nacht zum 2.6. zeigen, dass der Feind nunmehr in großem Stil Terrorangriffe unternehmen wird."[38] Der SD berichtete am 29. Juni 1942, „dass die anhaltenden britischen Terrorangriffe auf deutsche Städte mit wachsender Besorgnis verfolgt werden und erhebliche Beunruhigungen auslösen."[39] Einen Monat später verzeichnete der SD nach einer Serie von vier schweren Luftangriffen gegen Duisburg, dass „bei einem großen Teil der Bevöl-

---

36 Im Zeitraum März bis Juni 1942 setzte das Bomber Command in 13 Nächten allein gegen Essen rund 3100 Maschinen ein.

37 Martin Rüther: Köln, 31. Mai 1942. Der 1000-Bomber-Angriff, (Kölner Schriften zu Geschichte und Kultur 18), Köln 1992. Mit zwei ähnlich massiven Luftangriffen am 2./3.6. auf Essen sowie am 25./26.6.1942 auf Bremen versuchte das Bomber Command diesen „Erfolg" zu wiederholen, was allerdings nicht gelang, vgl. Middlebrook/Everitt 1985, S. 274.

38 Anordnung des Reichverteidigungskommissars für den Wehrkreis VI, Dienststelle Oberpräsidium der Rheinprovinz in Essen (Akz. RVK./Allg. Nr. 229), an alle OB, Landräte und RP im Zuständigkeitsgebiet, 9.6.1942; Stadtachiv Herne, Bestand Wanne-Eickel, Akte Verfügungen und Erlasse 1939-1943.

39 Meldungen aus dem Reich, Bd. 10, S. 3882 (29.6.1942).

kerung" die Angst vor einer Zunahme der Bombardierungen entstanden sei.[40]

In den Kommunen wurden nun Pläne für die Vorbereitung auf schwere Bombenangriffe ausgearbeitet. Bei einer Besprechung im Polizeipräsidium Oberhausen erfolgte am 24. März 1942 für den Luftschutzort Oberhausen (einschließlich Mülheim) die Festlegung von Verfahrensrichtlinien bei zukünftigen Angriffen.[41] Von den Stadtverwaltungen Oberhausen und Mülheim wurde dabei die Bereitstellung einer größeren Anzahl von Särgen für die zu erwartenden Bombenopfer in Aussicht gestellt. Der Kreisleiter der NSDAP in Oberhausen schlug vor, dass bei hohen Opferzahlen eine von der Partei organisierte zentrale öffentliche Trauerfeier stattfinden sollte. In mehreren Großstädten, darunter Dortmund, gab es Planungen und Architektenwettbewerbe für die Ausgestaltung und Anlage großer „Ehrenhaine" für die Opfer.

Durch einen ‚Einsatzplan der Partei zur Bekämpfung schwerer Notstände nach Fliegerangriffen' und die Bildung von Gaueinsatzstäben wurde versucht, die Zuständigkeiten der Behörden zu bündeln und der jeweiligen Situation anzupassen.[42] Auf der anderen Seite dokumentiert das nach einem Jahr bereits Anfang 1942 gescheiterte, groß angelegte „LS-Führerbauprogramm", dass ein wirkungsvoller baulicher Luftschutz durch die Errichtung riesiger Betonbunker aufgrund fehlender Ressourcen nicht möglich war.

Der um „Kampfgeist" und „Haltung" in der Bevölkerung stets besorgte Reichsminister für Propaganda und Volksaufklärung, Dr. Joseph Goebbels, unternahm am 7. August 1942 erstmals eine Rundreise in die von Bombenangriffen betroffene Region. In Köln und Düsseldorf hielt er öffentliche Massenkundgebungen ab und besichtigte Bombenschäden. Nach dem Besuch vertraute er seinem Tagebuch die persönlichen Eindrücke an: „Wenn Churchill glaubt, er könnte durch seine massiven Luftangriffe die Moral der rheinischen

---

40 Meldungen aus dem Reich, Bd. 10, S. 3918 (29.7.1942).

41 Niederschrift über die im Polizeipräsidium Oberhausen am 24.3.1942 abgehaltene Besprechung zwischen Mitarbeitern der Stadtverwaltungen Oberhausen u. Mülheim, der Polizei u. NSDAP über Maßnahmen zur Beseitigung von Bombenschäden, 26.3.1942; Stadtarchiv Oberhausen, Best. 10–29.

42 Der Generalbevollmächtigte für die Reichsverwaltung an die Reichsverteidigungskommissare vom 6.5.1942 betr. planmäßige Vorbereitung der nach größeren Luftangriffen sofort zu treffenden Hilfsmaßnahmen, ediert in: Akten der Partei-Kanzlei der NSDAP. Rekonstruktion eines verloren gegangenen Bestandes. Sammlung der in anderen Provenienzen überlieferten Korrespondenzen, Niederschriften und Besprechungen usw. mit dem Stellvertreter des Führers und seinem Stadt bzw. der Partei-Kanzlei, ihren Ämtern, Referaten und Unterabteilungen sowie mit Heß und Bormann persönlich. Microfiche-Edition. Hrsg. vom Institut für Zeitgeschichte, bearbeitet von Helmut Heiber und Peter Longerich, München T. I (1983) u. II (1992), hier Microfiche 103 06778-103 06785.

Bevölkerung, vor allem ihres katholischen Teils, brechen, so befindet er sich in einem verhängnisvollen Irrtum."[43]

Battle of the Ruhr 1943

Mit einem schweren Angriff auf die Stadt Essen eröffnete das Bomber Command am 5./6. März 1943 die "Battle of the Ruhr", eine bis Juli andauernde Luftoffensive, in deren Folge fast sämtliche Großstädte des Ruhrgebiets schwer zerstört wurden.[44] Über 20.000 Menschen verloren ihr Leben, darunter auch mehr als 1.500 ausländische Zwangsarbeiter und Kriegsgefangene. Doch auch rund 3.000 britische Flieger fanden den Tod; über 760 gerieten in deutsche Kriegsgefangenschaft.[45] Spektakuläre Angriffserfolge wie die Zerstörung der Möhne-Talsperre am 16./17. Mai 1943 und der erste „Feuersturm"-Angriff gegen Wuppertal am 29./30. Mai 1943 waren die Höhepunkte dieser Kampagne. Auf Flugblättern, die in millionenfacher Auflage seit 1943 täglich abgeworfen wurden, verglichen die Alliierten die „Ruhrschlacht" mit der Niederlage in Stalingrad 1942/43, der ruhmlosen Kapitulation des „Afrika-Korps" im Mai 1943 und mit dem im Sommer des Jahres gescheiterten U-Bootkrieg im Atlantik.[46]

Noch während der "Battle of the Ruhr" zeigte auch die 8. United States Army Air Force (USAAF) erstmals ihre Präsenz am Himmel.[47] Am 4. März griff ein Verband von 16 „Fliegenden Festungen" den Verschiebebahnhof Hamm an. Erstmalig wurde ein Ziel im deutschen Hinterland von amerikanischen Bomben getroffen.[48] Die Auswirkungen des Angriffs auf Hamm, der nach Behördenangaben 158 Menschen tötete, bestätigten aus Sicht der US-amerikanischen Zielplaner die Richtigkeit ihres Konzepts von möglichst präzisen Tagesangriffen auf ausgewählte Industrie- und Verkehrsanlagen im deutschen Hinterland.

---

43 Die Tagebücher von Joseph Goebbels, T. II (Diktate 1941-1945), hg. von Elke Fröhlich im Auftrag des Instituts für Zeitgeschichte und in Verbindung mit dem Bundesarchiv und mit Unterstützung des Staatlichen Archivdienstes Russlands, München u. a. 1993 ff., hier Bd. T. II, Bd. 4, S. 275 (8.8.1942).

44 Vgl. Ralf Blank: „Ruhrschlacht". Das Ruhrgebiet im Kriegsjahr 1943, Essen 2013.

45 Eine Übersicht über die einzelnen Angriffe geben Middlebrook/Everitt 1985, S. 362 ff.; eine ausführliche Darstellung der Einsätze mit Erlebnisberichten von Besatzungsmitgliedern findet sich in Alan Cooper: Air Battle of the Ruhr. Shrewsbury 1992 und in Alwyn J. Phillips: The Valley of the Shadow of Death. An account of the Royal Air Force Bomber Command night bombing and minelaying operations including „The Battle of the Ruhr", Chippenham 1991.

46 Vgl. exemplarisch die britischen Flugblätter G. 14 „Schlag auf Schlag - Ostfront: Vernichtung der 6. Armee bei Stalingrad – Westfront: Kruppwerke in Essen zerschlagen" (Einsatzzeit: 29.3.–5.5.1943), G. 40 „Was kann Deutschland noch tun?" (Einsatzzeit: 24.6.-30.7.1943), G. 47 „Atlantikfront – Ruhrfront" (Einsatzzeit: 27.7.–10.8.1943), vgl. Klaus Kirchner: Flugblattpropaganda im Zweiten Weltkrieg, Bd. 1–12, Erlangen 1977–1995, hier Bd. 5 (Flugblätter aus England, G-1943, G-1944), S. 51–53, 138–139, 150–151.

47 Vgl. ausführlich Blank, Target Gudgeon.

48 Die deutsche Luftwaffe setzte gegen den US-amerikanischen Tageinflug 180 ein- sowie 46 zweimotorige Jagdmaschinen ein, die zehn Abschüsse meldeten, vgl. Die geheimen Tagesberichte, Bd. 6, S. 199.

Der britische Premier Winston Churchill musste Zweifel an der Fähigkeit der US-Amerikaner, bei Tageslicht und aus großer Flughöhe erfolgreiche Angriffe durchzuführen, revidieren.

Der Angriff auf Hamm stellte auch für die deutsche Propaganda eine Zäsur dar. Der SD berichtete eine Woche nach dem Angriff, dass das Vertrauen der Bevölkerung in die Luftabwehr schwer gestört worden sei und die ständigen Behauptungen, dass die amerikanische Bomberflotte am Tage nicht das Reichsgebiet angreifen könne, unübersehbar Lügen gestraft wurden.[49] Doch erst ab Sommer 1943 entwickelten sich die US-amerikanischen Bombenangriffe zu einer ernsten Bedrohung. Am 22. Juni 1943 legte ein amerikanischer Tagangriff das Buna-Werk in Marl-Hüls und damit die Produktion von synthetischem Gummi und zahlreichen anderen chemischen Erzeugnissen für mehrere Wochen lahm.

Die "Battle of the Ruhr" stellte die entscheidende Wende im Luftkrieg über Deutschland dar. Der Einsatz von Radar ermöglichte den britischen Bombern unabhängig vom Wetter und Industriesmog ihre Ziele zu finden. Ausgehend von Essen, das im März und April 1943 mehrfach bombardiert wurde,[50] versanken nun nacheinander alle Großstädte an Rhein und Ruhr in Schutt und Asche. In der Nacht des 4./5. Mai 1943 startete eine gewaltige Luftstreitmacht von 596 Maschinen, überwiegend viermotorige Langstreckenbomber der Typen Handley Page Halifax und Avro Lancaster, gegen Dortmund. Nach diesem Angriff lag die alte Hanse- und Reichsstadt in Trümmern. Mindestens 693 Menschen fanden den Tod, weitere 1.075 Personen wurden schwer verletzt: die bis zu diesem Tag höchste Zahl von Bombenopfern im Deutschen Reich.[51] Unter den Todesopfern befanden sich auch zahlreiche Kriegsgefangene und Zwangsarbeiter. Rund 40.000 Personen wurden binnen einer Stunde obdachlos. Ein Dortmunder Bürger schrieb: „Man könnte dieses Bild mit der Zerstörung von Pompeji vergleichen."[52]

In der Nacht des 16./17. Mai 1943 unternahm das Bomber Command mit 17 umgebauten Lancaster-Bombern eine Spezialoperation gegen die Talsperren des Sauerlands und auf die Eder-Talsperre im Waldecker Land – das Unterneh-

---

49   Meldungen aus dem Reich, Bd. 13, S. 4923, 4927 (Nr. 366 v. 11.3.1943).

50   Im Herbst 1943 konstatierte der Führungsstab des Bomber Command in einer zusammenfassenden Darstellung über die Luftoperationen gegen das Ruhrgebiet, dass es während der „Battle of the Ruhr" sogar eine eigene „Battle of Essen", der Standort der „blast furnaces of the devil" (wörtlich zitiert), gegeben habe; Headquarters Bomber Command: The Battle of the Ruhr, Sept. 1943, National Archiv London, AIR 20/4893.

51   Kriegschronik der Stadt Dortmund; Stadtarchiv Dortmund, Bestand 424-35.

52   Tagebuch von Clemens Birkefeld (*1902, †1974) aus Dortmund-Hörde; Stadtarchiv Dortmund.

men „Chastise."[53] Durch den Bruch der Möhne-Talsperre entstand eine mehrere Meter hohe Flutwelle, die bis nach Hattingen wirkte. Sie hatte katastrophale Auswirkungen auf das Ruhrtal zwischen Neheim und Wetter und verursachte nachhaltige Sachschäden und den Tod von mindestens 1.579 Menschen.[54] Zwei Tage nach dem Angriff schrieb der westfälische Landeshauptmann Karl Friedrich Kolbow: „Die Zerstörung der Möhne-Talsperre übersteigt alle Vorstellungen. Das untere Möhnetal und das Ruhrtal zwischen Neheim und Hengsteysee sind völlig zerstört. Wie oft hat die Menschheit schon solche fürchterlichen Rückschläge aus ihrer technischen Tätigkeit erleben müssen! Niemand hätte im Jahre 1911 bei der Fertigstellung der Möhne-Talsperre geglaubt, dass sie der Heimat mehr Unheil als Segen bringen würde."[55]

Die Region kam nicht zur Ruhe. In der Nacht des 23./24. Mai 1943 erlebte Dortmund den bis dahin schwersten Luftangriff gegen eine deutsche Stadt.[56] Mehr als 800 Bomber warfen über 2.500 Tonnen Spreng- und Brandbomben ab. Dieses Abwurfgewicht entsprach fast der doppelten Menge, die im Mai des Vorjahres während des 1.000-Bomber-Angriffs auf Köln gefallen war, und ziemlich genau der Abwurftonnage, die von der deutschen Luftwaffe im gesamten Kriegsjahr 1943 auf englische Städte abgeworfen werden sollte. Mindestens 650 Menschen fanden den Tod, darunter über 200 sowjetische Kriegsgefangene. Die zahlreichen Großbrände ließen sich wegen Wassermangels, hervorgerufen durch die überfluteten Pumpwerke im Ruhrtal, nur unzureichend bekämpfen. „Am schwersten trifft uns Dortmunder wohl die Vernichtung des Alten Rathauses mit dem bekannten Festsaal, das auf das Jahr 1232 zurückgeht. Auch das Haus der bildenden Künste ist vollständig vernichtet. Die Dortmunder Stadt- und Landesbibliothek, eine der bedeutendsten Bibliotheken Westdeutschlands, ist zerstört, nahezu 200.000 Bände und eins der bedeutendsten Zeitungsinstitute des Reiches sind dem Bombenterror zum

---

53 Vgl. Ralf Blank: Die Nacht vom 16. auf den 17. Mai 1943 – „Operation Züchtigung." Die Zerstörung der Möhne-Talsperre, in: Internet-Portal Westfälische Geschichte, Münster 2006. URL: www.lwl.org/westfaelische-geschichte/portal/Internet/ku.php. John Sweetman: The Dambusters Raid, London 2004. Helmut Euler: Als Deutschlands Dämme brachen. Die Wahrheit über die Bombardierung der Möhne-Eder-Sorpe-Staudämme 1943, Stuttgart 1979.

54 „Die endgültigen Zahlen der Opfer des Luftangriffes auf die Möhne-Talsperre", in: Hagener Zeitung v. 1.6.1943, Stadtarchiv Hagen. Unter den in diesem Artikel genannten Todesopfern befanden sich auch 1026 ausländische Arbeitskräfte; 56 Deutsche und zahlreiche Ausländer galten bis zu diesem Zeitpunkt noch als vermisst. Euler nennt dagegen – ohne Quellenangabe – 1069 Tote und 225 Vermißte (Euler, Als Deutschlands Dämme, S. 218). Friedrich gibt insgesamt „1300 Zivilisten" an, jedoch ebenfalls ohne Angabe einer Quelle (Jörg Friedrich, Der Brand. Deutschland im Bombenkrieg 1940-1945, München 2002, S. 104).

55 Kolbow an Dr. Runte, 19.5.1943; Westfälisches Archivamt, Nachlaß Kolbow.

56 Ralf Blank: Die Stadt Dortmund im Bombenkrieg, in: Gerhard E. Sollbach (Hg.): Dortmund. Bombenkrieg und Nachkriegsalltag 1939–1948, Hagen 1996, S. 15–55, hier S. 30 f.

Opfer gefallen,"[57] beschrieb der Dortmunder Stadtrat Dr. Klein die unersetzbaren Verluste von Kulturgut.

Beim ersten Flächenangriff auf die Stadt Wuppertal am 29./30. Mai 1943 entstand erstmals ein „Feuersturm." Mindestens 3.500 Menschen fielen dem Angriff zum Opfer.[58] Im Mai, Juni und Juli 1943 bombardierte das Bomber Command mehrfach auch Duisburg, Bochum, Gelsenkirchen, Mülheim, Oberhausen und Essen.

Die während der „Battle of the Ruhr" entstandenen Sachschäden und Zerstörungen konnten von der NS-Propaganda nicht mehr verheimlicht werden. Im März und April 1943 reisten viele Menschen extra an, um sich die in Essen entstandenen Zerstörungen anzuschauen.[59] Dieser „Bombentourismus" konnte nur durch Androhung eines Beförderungsverbots unterbunden werden. Im Reichsgebiet kursierten nicht mehr zu kontrollierende Gerüchte, die beispielsweise von über 30.000 Toten durch die Talsperrenbombardierungen berichteten.[60] So sah sich die NS-Propaganda gezwungen, im Juni 1943 in den Zeitungen ausnahmsweise die wirklichen Opferzahlen der Luftangriffen auf die Möhne-Talsperre, Bochum und Dortmund zu veröffentlichen. Gleichzeitig versuchte sie, die Verantwortung für die Zerstörung der Möhne-Talsperre den Juden anzulasten.[61] Diese Kampagne scheiterte. Stattdessen berichtete der SD, dass in der Bevölkerung die Frage auftauchte, warum nicht die deutsche Luftwaffe einen ähnlich schweren Luftschlag gegen England ausführte.[62] Diese Forderung konnte aufgrund der Kriegs- und Materiallage jedoch längst nicht mehr erfüllt werden.

Der schwere Luftangriff auf Essen am 5. März 1943 war für Goebbels ein alarmierendes Signal. Er schrieb: „Wenn die Engländer in diesem Stil den Luftkrieg fortsetzen, so werden sie uns damit außerordentlich große Schwierigkeiten bereiten. Denn das Gefährliche an dieser Sache ist, rein psychologisch gesehen, der Umstand, dass die Bevölkerung keine Möglichkeit entdeckt, dagegen etwas zu unternehmen."[63] Am 17. März musste er feststellen: „In der Innenpolitik ist

---

57 Kriegschronik der Stadt Dortmund, Bericht Dr. Klein vom 10.6.1943, Stadtarchiv Dortmund, Bestand 424–36.

58 Herbert Pogt (Hg.): Vor fünfzig Jahren. Bomben auf Wuppertal, (Beiträge zur Geschichte und Heimatkunde des Wuppertals 36), Wuppertal 1993.

59 Generalanzeiger Essen, 12.3. und 29.5.1943; Stadtarchiv Essen.

60 Meldungen aus dem Reich 1938-1945, Bd. 13, S. 5277 (Nr. 385 vom 23.5.1943).

61 Bochumer Anzeiger vom 19.5.1943; Stadtarchiv Bochum. Westfälisches Tageblatt vom 19.5.1943, Stadtarchiv Hagen.

62 Meldungen aus dem Reich, Bd. 13, S. 5290 f. (Nr. 386 vom 30.5.1943).

63 Tagebücher Goebbels, T II, Bd. 7, S. 549 (7.3.1943).

der Luftkrieg immer noch von ausschlaggebender Bedeutung. [...] Besonders in Essen sind die Verheerungen sehr groß. Dort ist auch das Evakuiertenproblem von einer dringenden Schärfe geworden. Es steht kein Wohnraum mehr zur Verfügung. [...] Mir wird berichtet, dass in Duisburg beispielsweise noch Familien auf Stroh schlafen, die seit Mitte Dezember des vorigen Jahres ausgebombt sind. [...] Göring kann nicht verstehen, dass die Engländer nicht ununterbrochen das Ruhrgebiet angreifen; denn hier bewegen wir uns zum Teil in Engpässen, die außerordentliche Gefahren in sich bergen."[64]

Die Sorgen waren in der Tat nicht ganz unbegründet. Der SD berichtete von einer deutlichen Verschlechterung der „Stimmungslage" sowie einem Anstieg der Gerüchtebildung: „Die Erzählungen über die Verluste und Schäden in den zuletzt betroffenen Städten seien vielfach ungeheuer übertrieben. Man wolle von einer fast völligen Zerstörung der Stadt Essen, vor allem der Krupp-Werke, von enormen Verlusten unter der Bevölkerung und anschließenden Unruhen wissen, die mit Waffengewalt hätten bekämpft werden müssen. Selbst in der näheren Umgebung, z.B. in Düsseldorf, sei das Gerücht verbreitet, dass in Essen der Belagerungszustand verhängt sei."[65] Andere Gerüchte, so der SD-Bericht, verbreiteten Geschichten über angeblich abgeworfene Flugblätter, die einen Luftangriff auf Essen in der Nacht des 18./19. März 1943 angekündigt hätten. Daraufhin wäre in Essen schon am Nachmittag des vermeintlichen Angriffstags eine „Völkerwanderung" in die Bunker gezogen. Andere Gerüchte prophezeiten bevorstehende Luftangriffe auf das Ruhrgebiet an bestimmten Feiertagen, immer Freitags oder aber in Vollmondnächten.

Um die angeschlagene Kriegsmoral der Bevölkerung wieder zu „festigen", initiierte die NS-Propaganda auf persönliche Weisung Goebbels, der im April und Juni 1943 zwei mehrtägige Rundreisen durch das Ruhrgebiet unternahm,[66] eine gezielte Informationspolitik, die der Bevölkerung eine bevorstehende Wende des Krieges durch den Einsatz neuartiger „Vergeltungswaffen" suggerierte.[67] Doch auch dieser Propaganda war kein Erfolg beschieden. Im Juni 1943 stellte ein parteiamtlicher Bericht fest: „Die Spannung auf die von der Pressepropaganda und in Reden maßgebender Männer angekündigten Vergeltungsschläge auf England ist allgemein aufs äußerste gesteigert und wird lebhaft diskutiert. Da und dort, insbesondere in Kreisen der Intelligenz und des Mittelstandes, werden leise Zweifel geäußert, ob wir überhaupt in der Lage sind, den Terror-

---

64 Ebd., S. 570 (17. und 18.3.1943).
65 Meldungen aus dem Reich, Bd. 13, S. 4983 (22.3.1943).
66 Zu den Rundreisen von Goebbels vgl. Blank, Kriegsalltag, S. 434.
67 Blank, Kriegsalltag, S. 434.

angriffen zu begegnen."[68] Auch der SD berichtete im Juli 1943 über ähnlich kritische Stimmen. Er zitierte etwa einen Ingenieur, der sich in Hagen in einer Straßenbahn mit anderen Fahrgästen unterhalten hatte: „Goebbels sagt, dass einst der Tag kommen wird, an dem die Vergeltung verübt wird, also nicht einmal in absehbarer Zeit. Bis dahin ist es aus mit uns."[69]

Diesen Vorbehalten zum Trotz rief der Gauleiter Alfred Meyer auf dem Friedhof in Marl über den offenen Gräbern der bei einem US-amerikanischen Luftangriff auf das dortige Buna-Werk am 22. Juni 1943 getöteten Menschen den Angehörigen zu: „So müssen wir, um nicht vernichtet zu werden, diesen Krieg auch als Vernichtungskrieg führen. Sie müssen es am eigenen Leibe spüren, wie es ist, wenn friedliche Städte in Schutt und Asche sinken und unter ihren Trümmern unschuldige Frauen und Kinder begraben. So muss es kommen, und wir wissen, dass der Krieg der Vergeltung kommen wird. Wenn der Führer dann zuschlägt, wird es ein furchtbares Erwachen für England geben."[70] Als die versprochene „Vergeltung" jedoch ausblieb, glaubte die enttäuschte Bevölkerung schließlich eher an eine Propagandalüge. Goebbels stoppte daher im Spätsommer 1943 die Kampagne und verbot im Dezember 1943 der Presse sogar die Verwendung des Wortes „Vergeltung".[71]

Rückwirkungen einer Luftschlacht

Die "Battle of the Ruhr" wurde mit zwei letzten Flächenangriffen auf Essen (25./26.7.) und Remscheid (30./31.7.) schlagartig beendet. Die von Rüstungsminister Speer im Sommer 1943 als gravierend eingestuften Industrieschäden konnten durch die Verlagerung von wichtigen Industriefertigungen in „luftsichere" Gebiete sowie den Wiederaufbau beschädigter Betriebe und Anlagen bis Anfang 1944 weitgehend ausgeglichen werden.[72] Hierzu hatte Speer im

---

68 Kreisleiter von Essen an die Gauleitung Essen vom 28.6.1943 betreffend Lagebericht über den Ablauf der Sofortmaßnahmen zum Beheben der Bombenschäden vom 23.6.1943, Stadtarchiv Oberhausen, Akten der NSDAP, Bd. 2.

69 Meldungen aus dem Reich, Bd. 14, S. 5428 (Meldung des SD-Abschnitts Dortmund vom 2.7.1943).

70 „Gefallen an der Front der Heimat", in: Westfälischer Beobachter - Gladbecker Zeitung, 29.6.1943, Stadtarchiv Gladbeck.

71 Ebd., S. 436. Im Sommer 1944 kam das Schlagwort jedoch wieder auf und wurde offiziell Bestandteil der Propagandabezeichnung „Vergeltungswaffe."

72 Die Bezeichnung „Luftkriegsgebiet" entstand anlässlich einer Besprechung am 28.5.1943 im Reichsministerium des Innern. Der Begriff sollte bestimmte Notstandsrechte für eine Region ermöglichen, die vom Reichsverteidigungskommissar beim Reichsminister des Innern nach einem Angriff beantragt und vom Interministeriellen Luftkriegs-Schadensausschusses (ILA) entschieden werden konnten, Bericht über die Sitzung am 28.5.1943, Akten der Partei-Kanzlei, 103 06541 103 06558. Zum ILA vgl. Süß, Dietmar: Steuerung durch Information? Joseph Goebbels als „Kommissar der Heimatfront" und Reichsinspekteur für den zivilen Luftschutz, in: Rüdiger Hachtmann/Winfried Süß (Hrsg.), Hitlers Kommissare, Sondergewalten in der nationalsozialistischen Diktatur. Göttingen 2006, S. 125–145.

August 1943 einen „Ruhrstab" etabliert,[73] der mit Vertretern aus Politik und Wirtschaft als Koordinierungsinstanz zur Beseitigung von Schäden und für den Wiederaufbau bis Kriegsende bestand.[74] Von einschneidender Wirkung auf die Bevölkerung war die von Goebbels und Gauleiter Albert Hoffmann[75] ab Sommer 1943 vorangetriebene ‚erweiterte Kinderlandverschickung'.[76] Schulen wurden geschlossen und Mütter und Kinder in „luftsichere" Regionen Ost- und Süddeutschlands sowie ins Protektorat Böhmen und Mähren gebracht.

Die bisherigen Luftangriffe hatten deutlich gezeigt, dass die Maßnahmen für den zivilen Luftschutz völlig unzureichend waren. Zwar bildeten die Städte an Rhein und Ruhr den Schwerpunkt des im Oktober 1941 von Hitler befohlenen „LS-Führerprogramms", doch scheiterte das Bunker-Bauprogramm schon Anfang 1942 aufgrund von Rohstoffengpässen und Arbeitskräftemangel.[77] Erst zur Jahreswende 1942/43 wurden die ersten Hochbunker für die Bevölkerung freigegeben. Sie waren allerdings nur ein Notbehelf, da sie häufig nicht einmal druckfeste Türen und Lüftungsanlagen besaßen. Darüber hinaus reichte ihre Aufnahmekapazität nur für einen kleinen Teil der schutzsuchenden Bevölkerung aus. Angesichts dieser katastrophalen Situation initiierten die Gauleitungen in Essen und Bochum im August 1943 ein „Luftschutz-Sofortprogramm." Unter Beteiligung der Organisation Todt und des Reichsministeriums für Rüstung und Kriegsproduktion wurde zudem das „Selbsthilfeprogramm Ruhr" ins Leben gerufen. Da der Aktionsradius der Luftangriffe immer mehr ausgedehnt wurde, erfolgte bis Herbst 1944 eine Erweiterung des eher improvisierten Bauprogramms auf Kleinstädte in der Randzone des Ruhrgebiets.

---

73 Zum „Ruhrstab" vgl. Gregor Janssen: Das Ministerium Speer. Deutschlands Rüstung im Krieg, Berlin 1968, S. 147 f., 376. Dietrich Eichholtz: Geschichte der deutschen Kriegswirtschaft, 3 Bde., Berlin (O) 1969, 1984, Berlin 1996, hier Bd. 2, S. 143 f.. Lagebericht der Rüstungsinspektion VI (Münster) vom 1.7.–30.9.1943, Bundesarchiv-Militärarchiv Freiburg, RW 20-6/10. Zum Geschäftsführer des „Ruhrstabs" ernannte Speer den Vorstandsvorsitzenden der Vereinigten Stahlwerke, Walter Rohland („Panzer Rohland"), vgl. Manfred Rasch: Rohland, Walter, in: Neue Deutsche Biographie (NDB), Bd. 21, Berlin 2003, S. 766 f.

74 OT-Einsatzstab Ruhr an die Oberpräsidenten von Westfalen und der Rheinprovinz vom 10.6.1943; Stadtarchiv Oberhausen, Akte Tiefbauamt/47.

75 Hoffmann war 1943–1945 einer der wichtigsten Entscheidungsträger im Ruhrgebiet, vgl. Ralf Blank: Albert Hoffmann. Gauleiter und Reichsverteidigungskommissar in Westfalen-Süd 1943–1945, in: Westfälische Lebensbilder 17, Münster 2005 (Veröffentlichungen der Historischen Kommission für Westfalen XXVII A, 17), S. 255–290. Ders.: Albert Hoffmann als Reichsverteidigungskommissar im Gau Westfalen-Süd, 1943–1945. Eine biografische Skizze, in: Beiträge zur Geschichte des Nationalsozialismus 17 (2001), S. 189–210.

76 Gerhard Kock: „Der Führer sorgt für unsere Kinder...." Die Kinderlandverschickung im Zweiten Weltkrieg, Paderborn 1997. Carsten Kressel: Evakuierungen und erweiterte Kinderlandverschickung im Vergleich. Das Beispiel der Städte Liverpool und Hamburg, (Europäische Hochschulschriften 3, 715), Frankfurt a. M./Berlin u.a. 1996.

77 Blank, Kriegsalltag, S. 394 ff. Hieraus auch im Folgenden.

Seit 1943 wurden die Begräbnisfeiern für Todesopfer der Luftangriffe verstärkt zu einem Instrument der NS-Propaganda. Die steigende Anzahl von Toten hatte zur Folge, dass deutsche „Gefallene" in Massengräbern und vermehrt ohne Sarg in Papiersäcken beerdigt werden mussten. Um auf den Friedhöfen an Platz zu sparen, gingen die Behörden schon ab August 1942 dazu über, die Leichen ausländischer Arbeitskräfte aus Ost- und Südosteuropa zu verbrennen.[78] Im März 1944 verbot Hitler ausdrücklich die Beisetzung der bei Luftangriffen umgekommenen Personen in „Kameradschaftsgräbern".[79] Zwar war es Angehörigen nun erlaubt, ihre bei einem Luftangriff getöteten Verwandten in einer vorhandenen Familiengruft beerdigen zu lassen, doch wurde weiterhin für die in „Ehrenhainen" bestatteten Luftkriegstoten ein sich immer mehr steigender Totenkult zelebriert.[80] Die offiziell betriebene Heroisierung der Bombentoten, die den gefallenen Soldaten an den Fronten gleichgesetzt wurden,[81] erfüllten einen wichtigen Zweck: Sie sollte den Angehörigen einen „sinnvollen Tod" suggerieren und den „Kampfwillen" der Überlebenden stärken.[82] Die grauenvolle Realität sah besonders in der Kriegsendphase 1944/45 völlig anders aus. An die (deutschen) Mitarbeiter der Friedhofsämter mussten Sonderrationen an Alkohol, Zigaretten und Lebensmitteln ausgegeben werden, um eine gewisse Motivation aufrecht zu erhalten. So erhielten die Beschäftigten des Hauptfriedhofs in Dortmund nach einem schweren Luftangriff im Mai 1944 umfangreiche Sonderzuteilungen, da sie „inmitten einer stetig ansteigenden Zahl von Leichen in allen Stadien der Verwesung und vorstellbaren Verstümmelung" noch einigermaßen „den Überblick" behielten und „nur selten psychische Ausfallerscheinungen" zeigten.[83]

---

78 Schreiben des Regierungspräsidenten Arnsberg, 3.8.1942; Stadtarchiv Hagen, Einäscherungsbuch des Krematoriums Delstern (1943/44).

79 Rundschreiben Nr. 91/44 des Gaupropagandaleiters von Westfalen-Süd v. 7.3.1944 betr. des Verbots des Führers über die zwangsweise Beisetzung in Massengräbern; Stadtarchiv Herne, Bestand Wanne-Eickel, Akte Maßnahmen zur Bekämpfung von Brandbomben.

80 Ein Musterablauf für Bestattungsfeiern findet sich in: Die neue Gesellschaft. Das Parteiarchiv für nationalsozialistische Feier- und Freizeitgestaltung 10, (1944), S. 241-249.

81 Durch einen gemeinsamen Erlass des Oberkommandos der Wehrmacht und des Oberbefehlshabers der Luftwaffe, der durch Runderlass vom 2.7.1943 des Reichsministers des Innern bekannt gegeben wurde, waren in Zukunft für zivile Opfer von Luftangriffen ebenfalls die militärischen Bezeichnungen „gefallen" bzw. „verwundet" zu verwenden. Zur Begründung heißt es in dem Erlass, dass die Bombenopfer „ebenso wie die Soldaten an der Front für Deutschlands Größe verwundet werden oder fallen", zitiert nach dem Abdruck im Ministerialblatt des Reichs- und Preußischen Ministers des Innern, Nr. 27 v. 7.7.1943.

82 Vgl. Sabine Behrenbeck: Der Kult um die toten Helden. Nationalsozialistische Mythen, Riten und Symbole, (Kölner Beiträge zur Nationsforschung 2), Vierow 1996.

83 Antrag des Hauptfriedhofs Dortmund auf Sonderzuteilungen, 29.5.1945; Stadtarchiv Dortmund, Bestand 424–47.

Sonderzuteilungen von Nahrungsmitteln galten als geeignetes Mittel, um auch der Bevölkerung über die als „kriegsbedingt" empfundenen Verluste und Opfer hinwegzuhelfen. In den bombardierten Städten des Rhein-Ruhr-Gebiets wurde außerdem das den Juden im Reichsgebiet und in anderen europäischen Ländern vor ihrer Deportation in die Ghettos und Vernichtungslager geraubte Eigentum als Ersatz für den durch Luftangriffe verlorengegangenen Hausrat überlassen.[84] Ganze Zug- und Schiffsladungen mit Hausrat, Möbeln, Bekleidung und anderen Gegenständen gelangten damals in die Region und wurden von den Stadtverwaltungen und der Partei, teilweise auch von Industriebetrieben, zur Weitergabe an die Bevölkerung übernommen. Auf diesen Wegen partizipierten Teile der deutschen Bevölkerung am Holocaust und wurden auf diese Weise indirekt zu Mittätern gemacht. Die früheren Eigentümer und die Herkunft der „Ersatzlieferungen" waren in den beteiligten Behörden und auch in der Bevölkerung bekannt.

Die Endphase des Krieges – „round the clock bombing"

Seit August 1944 flog das Bomber Command mit seinen schweren Nachtbombern auch am Tag ein. Bevorzugte Ziele waren jetzt Eisenbahnanlagen, Hydrierwerke und Großkokereien. Gleichzeitig verstärkte die amerikanische 8. US-Luftflotte ihre Tagangriffe. Wegen des schnellen Vormarsches der alliierten Bodentruppen und des damit verbundenen Ausfall des radargestützten Frühwarnsystems in Nordfrankreich und Belgien verkürzte sich die Zeit zwischen Fliegeralarm und Angriff, so dass der Alltag der Bevölkerung von Herbst 1944 an immer stärker durch den Bombenkrieg bestimmt wurde.[85]

Ab Sommer 1944 war die Verschärfung der Kriegslage nicht mehr zu leugnen. Selbst der lang angekündigte Einsatz der Raketen V1 und V2 ab Juni 1944 verfehlte das Ziel, den Glauben der Bevölkerung an eine günstige Kriegswende zu stärken. Im November 1944 stellte ein Hagener Bürger fest: „Gestern ist erstmalig im Rundfunk bekanntgemacht worden, dass die zweite Vergeltungswaffe (= V 2) gegen England angewandt wird. Ganz offen gesagt sind unsere Erwartungen, die wir in V 1 und V 2 gesetzt haben, stark abgeschwächt. Vielleicht sind wir auch durch den ungeheuren seelischen Druck,

---

84 Frank Bajohr: „Arisierung" in Hamburg. Die Verdrängung der jüdischen Unternehmer 1933–1945, (Hamburger Beiträge zur Sozialgeschichte und Zeitgeschichte 35), Hamburg 1997. Ralf Blank: Ersatzbeschaffung durch „Beutemachen." Die „M-Aktionen" – ein Beispiel nationalsozialistischer Ausplünderungspolitik, in: Alfons Kenkmann/Bernd-A. Rusinek (Hg.): Verfolgung und Verwaltung. Die wirtschaftliche Ausplünderung der Juden und die westfälischen Finanzbehörden, Münster 1999, S. 87-101.

85 Vgl. Ralf Blank: "Bitter Ends". Die letzten Monate des Zweiten Weltkriegs 1944/45 im Ruhrgebiet, Essen 2015.

der auf uns allen lastet, allzu gern übertrieben optimistisch gewesen."[86] Ein Parteimitglied und Betriebsobmann der Deutschen Arbeitsfront (DAF) in einem öffentlichen Versorgungsbetrieb reagierte noch lakonischer und desinteressierter: „Seit einiger Zeit beschießt V 2 London. Die Nachricht hat auf die Bevölkerung kaum Eindruck gemacht. Viel mehr Eindruck machen die Flüchtlinge aus dem Rheinland. In Köln ist ein Leben nicht mehr möglich, kein Wasser, Gas und Strom, keine Lebensmittel."[87]

Ab Sommer 1943 brach die Versorgung der Bevölkerung mit Nahrungsmitteln und Gebrauchsgütern allmählich zusammen. Die Ausplünderung der besetzten Länder ermöglichte bis dahin eine relativ stabile Versorgung. Mit dem Zusammenbruch des deutschen Besatzungsregimes in Frankreich und auf dem östlichen Kriegsschauplatz brach dieses System ab Juli 1944 zusammen. Wenig später zeigten sich die ersten größeren Versorgungsprobleme, die sich im Winter drastisch verschärften. Der Energiewert von Rationen für (deutsche) „Normalverbraucher" war 1942 von 1.750 auf 1.980 Kalorien im Jahr 1943 gestiegen und nur geringfügig auf wiederum 1.930 Kalorien im anschließenden Jahr abgesunken, zum Jahreswechsel 1944/45 erfolgte dann jedoch eine drastische Reduzierung auf 1.671 Kalorien.[88] Der Hagener Bernhard Petersen schilderte im Oktober 1944 diese Situation wie folgt: „Der Hauptrückgang gegenüber den an früherer Stelle genannten Mengen der 54. Zuteilungsperiode liegt bei den Fettigkeiten, was natürlich zu erheblichen Schwierigkeiten führt. So z.B. muss ich von den zur Verfügung stehenden 625 g Fett allein 440 g für den Mittag- und Abendtisch in der Firma abgeben, so dass ich für meine Eigenbeköstigung an den Samstag- und Sonnabenden, an denen in der Fabrik nicht gekocht wird, sowie für das Frühstück und Vesperbrot in der ganzen Woche 46 g Fett übrig bleiben. Da aber diese Menge nicht einmal für samstags und sonntags reicht, so bin ich gezwungen, alle Tage trockenes Brot mit zur Arbeit zu nehmen. An Wurst oder Fleisch bleibt mir, nach Abgabe der Marken im Werk, ebenfalls pro Woche nur 100 g übrig, die natürlich bei sparsamsten Verbrauch auch nur samstags und sonntags langen."[89]

Anfang 1945 konnten an der ‚Heimatfront' keine Propaganda über den Zusammenbruch der Versorgung hinwegtäuschen, wie ein Betriebsobmann der DAF im Februar 1945 mit Blick auf den Verlust von Ostpreußen und Schlesien

---

86 Gerhard E. Sollbach (Hg.): Aus schwerer Zeit. Tagebuch des Hagener Bürgers Bernhard Petersen 1943–1949, Hagen 1986, S. 104 (10.11.1944).

87 Tagebuch Richard Römer (11.11.1944); Stadtarchiv Hagen.

88 Hans Umbreit: Die deutsche Herrschaft in den besetzten Gebieten 1942–1944, in: Bd. 5/2: Organisation und Mobilisierung des deutschen Machtbereichs. Hg. im Auftrag des Militärgeschichtlichen Forschungsamts von Bernhard R. Kroener, Rolf-Dieter Müller u. Hans Umbreit, München 1999, S. 3–272, hier S. 225.

89 Tagebuch Bernhard Petersen, S. 99 (16.10.1944).

in seinem Tagebuch anmerkte: „Unermessliche Mengen an Vieh und Lebensmittel gingen verloren. Unsere Lebensmittelrationen sind daraufhin gestreckt worden. Anstatt 4 Wochen müssen wir jetzt 5 Wochen mit der gleichen Ration auskommen. Wenn ich meine Kellervorräte noch hätte, machte mir das keine Sorge. Aber jetzt müssen wir von der Hand in den Mund leben. Weizenmehl, Grießmehl und Nudeln gibt's nur für Kranke und kleine Kinder."[90] An großzügige Sonderzuteilungen nach Bombenangriffen und Ersatzlieferungen an „Bombengeschädigte" war ab Herbst 1944 nicht mehr zu denken.

Der Zusammenbruch gesellschaftlicher Normen und die mehr und mehr von der Improvisation abhängige Krisenbewältigung in den bombardierten Städten führte zu einer Brutalisierung von weiten Teilen der Bevölkerung, die mit einer ungebremsten Radikalisierung des politischen Systems, der Justiz und des Verfolgungsapparats einher ging.[91] Nun richtete sich die Gewalt auch gegen die eigenen Landsleute. Am Morgen nach einem schweren Luftangriff auf Bochum im November 1944 wurde beispielsweise ein Mann unter dem zustimmenden Beifall vieler Passanten mit einer Zaunlatte tot geprügelt, weil er gegenüber den Aufräumarbeitern am Sinn ihrer Tätigkeit und an einem für Deutschland glücklichen Kriegsende gezweifelt hatte.[92]

Operation „Hurricane"

Ein schwerer Luftangriff von 498 britischen Maschinen auf Dortmund markierte in den Abendstunden des 6. Oktober 1944 den Beginn einer zweiten „Luftschlacht über der Ruhr". Er forderte mindestens 1.148 Todesopfer.[93] Die Luftoperation "Hurricane" am 14. und 15. Oktober 1944 sollte durch eine höchstmögliche Konzentration der Angriffe eine völlige Demoralisierung der Bevölkerung erreichen.[94] 1.400 britische Maschinen warfen binnen weniger Stunden über 9.000 Tonnen Sprengbomben über Duisburg ab; mehr als 2.500 Todesopfer und gewaltige Sachschäden waren die Folge.

---

90 Tagebuch Richard Römer (7.2.1945).

91 Vgl. auch Bernd-A. Rusinek: Gesellschaft in der Katastrophe. Terror, Illegalität, Widerstand – Köln 1944/45, Essen 1989. Wolfgang Franz Werner: „Bleib übrig." Deutsche Arbeiter in der nationalsozialistischen Kriegswirtschaft, (Düsseldorfer Schriften zur Neueren Landesgeschichte und zur Geschichte Nordrhein-Westfalens 9), Düsseldorf 1983.

92 Marlis G. Steinert: Hitlers Krieg und die Deutschen. Stimmung und Haltung der deutschen Bevölkerung im Zweiten Weltkrieg, Düsseldorf/Wien 1970, S. 527.

93 Blank, Dortmund, S. 42 f.

94 Plan of Operation Hurricane, National Archiv London, AIR 20/5513, AIR 20/3361. Die Operation „Hurricane I" richtete sich gegen das Rhein-Ruhrgebiet, während die Operation „Hurricane II" gegen die Rhein-Main-Region und Saargebiet geplant war.

Die Operation war jedoch nur ein Vorspiel für eine jede Vorstellungskraft übersteigende Luftoffensive, die in den folgenden Wochen das Ruhrgebiet traf. Die Stadt Essen wurde in der Nacht des 23./24. sowie am 25. Oktober 1944 das Ziel von 1.800 Bombern. Die Firma Krupp wurde als Rüstungsbetrieb fast vollständig ausgeschaltet. Über 1.160 Menschen verloren bei dem „Doppelschlag" auf Essen ihr Leben. In den Abendstunden des 4. November 1944 traf es die Stadt Bochum. Über 700 schwere Bomber legten die gesamte Innenstadt und die angrenzenden Vororte in Schutt und Asche. 994 Menschen fanden bei diesem Angriff den Tod. Ähnlich schwere Großangriffe erfolgten auf Düsseldorf, Gelsenkirchen sowie wiederholt auf Köln.

Ab September 1944 beteiligte sich auch die 8. US-Luftflotte verstärkt an der Offensive.[95] Sie griff im Oktober und November mehrfach die von ihrer Produktion teilweise bereits ausgeschalteten Hydrierwerke von Bottrop, Oberhausen und Gelsenkirchen an.[96] Der Verschiebebahnhof in Hamm wurde zeitweise vollständig lahm gelegt.[97] Tatsächlich zählten Hamm und Gelsenkirchen zu den durch die strategischen US-Luftflotten bevorzugt bombardierten Angriffszielen in Europa.

Mit der zweiten „Luftschlacht über der Ruhr" sowie dem Beginn der Offensive gegen den Eisenbahnverkehr im westdeutschen Raum hatte sich der Bombenkrieg im Herbst 1944 beträchtlich verschärft. Die anhaltenden Angriffe lähmten zunehmend die Industrieproduktion und verwandelten die Städte in Ruinenlandschaften und Trümmerhalden. Neben den Hauptangriffszielen Essen, Duisburg, Bochum, Gelsenkirchen, Hamm, Oberhausen und Dortmund wurden nun auch kleinere Gemeinden und Mittelstädte, wie z. B. Wanne-Eickel, Witten, Bottrop, Castrop-Rauxel, Hattingen und Kamen gezielt angegriffen. Ein von den Alliierten als kriegswichtig eingeschätzter Industriebetrieb oder ein Verschiebebahnhof auf einer bedeutenden Eisenbahnlinie reichte aus, um die Verwüstung der Wohngebiete und den Tod einer großen Anzahl von Einwohnern nach sich zu ziehen.

Reichspropagandaminister Goebbels registrierte die neuerliche Verschärfung des Luftkriegs im Herbst und Winter 1944/45 genau. Am 2. November 1944 konstatierte er, dass „die Städte Köln, Duisburg und wohl auch Essen [...] als fast völlig vernichtet angesehen werden [können]. In Duisburg ist der Hafen fast völlig vernichtet worden. Bei dem Bombardement sind fast die letzten Reste unserer Rheinflotte versenkt worden [...] Wir müssen der weiteren Entwicklung

---

95   Eine Übersicht der US-amerikanischen Luftoperationen enthält Freeman, Roger A.: Mighty Eighth War Diary, London 1981.

96   Zu den Angriffsfolgen vgl. Marlies Mrotzek: Das KZ-Außenlager der Gelsenberg Benzin AG, Fernwald 2002.

97   Vgl. Blank, Target Gudgeon.

des Luftkrieges mit stärkster Sorge entgegensehen."[98] Zwei Wochen später musste er feststellen, dass es auch in Gelsenkirchen, Münster, Bochum und Bielefeld „geradezu traurig" aussehe und diese Städte ebenfalls als „zum größten Teil" zerstört angesehen werden könnten.[99] Am 12. Dezember 1944 bereiste Goebbels letztmalig das zerbombte Ruhrgebiet. „Vor Ort" wollte er sich über die als katastrophal geschilderte Situation informieren.[100] In der Befehlsstelle von Gauleiter Hoffmann auf dem Harkortberg bei Wetter/Ruhr erlebte er am frühen Nachmittag einen britischen Luftangriff auf die benachbarte Stadt Witten. „Man sieht von oben herab, wie die Stadt lichterloh brennt […] Eine große Industriestadt an allen Ecken und Enden brennen zu sehen, das ist ein schauriger Anblick, und man möchte am liebsten die Augen vor so viel Elend verschließen,"[101] resümierte er in seinem Tagebuch. Nach einer Autofahrt durch das verwüstete Witten erfolgte eine Besichtigung der nahezu vollständig zerstörten Gauhauptstadt Bochum, über die er in seinem Tagebuch notierte: „Die Stadt gleicht einem einzigen Trümmerhaufen; man sieht fast kein heiles Haus mehr […] Man sieht nur Steinhaufen und durch Regen, Dämmerung und Nebel von der Arbeit in ihre Keller zurückschleichende Arbeiter."[102]

Auch Rüstungsminister Speer unternahm im Herbst und Winter 1944 mehrere Inspektionsreisen ins Ruhrgebiet. Bereits in seinem Reisebericht „Der Westen" kam er am 15. September 1944 gegenüber Hitler zu der Auffassung, dass „ohne das Rheinisch-Westfälische Industriegebiet […] eine Fortführung des Krieges nicht möglich [sei]."[103] Knapp zwei Monate später legte er Hitler seine „Ruhr-Denkschrift" vor, in der die Lage eindringlich geschildert und die möglichen negativen Konsequenzen bei einem völligen Ausfall dieser Region dargestellt wurden.[104] Er betonte, dass eine äußerst schwerwiegende Versorgungskrise mit Ruhrkohle entstanden sei. Seit sechs Wochen bestünde darüber hinaus eine verkehrstechnische Abriegelung des Ruhrgebiets. Allerdings relativierte Speer diese Feststellung mit der optimistischen Erwartung, dass die Situation „nicht auf Dauer vorhanden", sondern in „verhältnismäßig

---

98 Tagebücher Goebbels, T II, Bd. 14, S. 138 (2.11.1944).

99 Ebd., S. 218 (16.11.1944).

100 Ebd., S. 407 (13.12.1944).

101 Ebd., S. 409 (13.12.1944). Es handelte sich dabei um einen radargesteuerten Tagesangriff von 140 viermotorigen Lancaster, geschützt durch 80 „P 51"-Jagdflugzeuge, zwischen 14.00 und 14.20 Uhr auf die Betriebsanlagen der Ruhrstahl AG, der jedoch hauptsächlich das Stadtgebiet und das Zentrum der Stadt Witten sowie Teile von Bochum und Castrop-Rauxel traf. Allein in Witten fanden bei diesem ersten schweren Luftangriff auf die Stadt über 330 Personen den Tod.

102 Ebd.

103 Anlage zum Reisebericht Speers v. 15.9.1944; Bundesarchiv Berlin, R 3/1539, Bl. 4f.

104 „Ruhr-Denkschrift" v. 11.11.1944, Akten der Partei-Kanzlei, Microfiche 108 00128-108 00142.

kurzer Zeit" zu beheben sei. Er gab seiner Hoffnung Ausdruck, dass die von ihm mehrfach als „Kampf um die Ruhr" bezeichnete Krise mit einem umfangreichen Einsatz von Personal und Rohstoffen bewältigt werden könne. Deshalb schloss er seine Denkschrift mit den beschwörend-pathetischen Worten, man dürfe „auf keinen Fall müde werden" und müsse und werde vielmehr „alles daransetzen, um diesen für das Schicksal unseres Reiches entscheidenden Kampf um die Ruhr zu gewinnen."[105]

Bei zwei weiteren Aufenthalten im Rhein-Ruhr-Gebiet vom 7. bis 10. sowie vom 15. bis 31. Dezember 1944 organisierte Speer die Treibstoffversorgung und den Nachschub für die unter dem Oberbefehl des Generalfeldmarschalls Walter Model stehende Heeresgruppe B, die nach der Meinung Speers entscheidend für den Erhalt des rheinisch-westfälischen Industriegebiets war. Gleichzeitig sollte die Ruhrindustrie die seit dem 16. Dezember 1944 an der „Ardennen-Offensive" beteiligten Truppenverbände unterstützen.[106] Die „Ruhrhilfe-Aktion" zum Jahreswechsel 1944/1945 war die letzte größere kriegswirtschaftliche Leistung vor dem endgültigen Zusammenbruch. Bis zum 5. Januar 1945 konnten die Hydrierwerke und Kokereien trotz schwerer Bombenschäden noch insgesamt 9,8 Millionen Liter Treibstoff und Benzol liefern. Gemessen an den Bedürfnissen einer modernen Kriegsführung war das gleichwohl der sprichwörtliche Tropfen auf den heißen Stein.

Zusammenbruch

Nach einem relativ ruhig verlaufenden Jahresbeginn – für die Alliierten hatte die Zerschlagung der deutschen „Ardennen-Offensive" im Dezember und Januar 1945 oberste Priorität – setzten die alliierten Bombardierungen des Ruhrgebiets im Februar erneut ein. Mitte Februar war vom Alliierten Oberkommando (SHAEF) das „Ruhrabriegelungs-Programm" beschlossen und Ende des Monats begonnen worden.[107] Innerhalb einer von mehreren als strategisch wichtig erachteten Brückenbauwerken markierten Linie von Bremen im Norden und

---

105 Bericht über die Reise an Rhein und Ruhr vom 15.–23. November 1944, 23.11.1944; Akten der Partei-Kanzlei, Microfiche 108 00206-108 00230, hier 108 00206 (S. 1 des Reiseberichts). Zu den Reisen Speers ins Ruhrgebiet vgl. auch Eichholtz, Geschichte der deutschen Kriegswirtschaft, Bd. III, S. 65.

106 Janssen 1968, S. 297 f.

107 Zum „Ruhrabriegelungs-Programm" vgl. Blank, Dortmund, S. 48 (dort Angaben zur Quellenüberlieferung). Eine ausführliche Untersuchung zu den Auswirkungen von Bombenangriffen auf Verkehrsziele findet sich in Alfred C.Mierzejewski: Bomben auf die Reichsbahn. Der Zusammenbruch der deutschen Kriegswirtschaft 1944–1945, Freiburg 1993 sowie als regionale Studie in Friedhelm Golücke: Der Zusammenbruch Deutschlands – eine Transportfrage? Der Altenbekener Eisenbahnviadukt im Bombenkrieg 1944/45, (Paderborner Historische Forschungen 3), Paderborn 1990, hier bes. S. 142ff. Zu den Angriffen auf den Arnsberger Eisenbahnviadukt auch Werner Bühnen: Bomben auf Arnsberg 1940-1945. Chronik der Luftangriffe in Bildern und Augenzeugenberichte. (Städtekundliche Schriftenreihe über Arnsberg 21), Arnsberg 1995.

Neuwied im Südwesten sollten Bahnanlagen, Industriebetriebe und Stadtgebiete systematisch zerstört werden.

Seit Februar 1945 griffen zweimotorige Mittelstreckenbomber der taktischen Luftstreitkräfte vermehrt in das Kriegsgeschehen an Rhein und Ruhr ein. Ihre Ziele waren Kraftfahrzeugparks, Eisenbahn- und Straßenbrücken, Kasernen, Flughäfen, Nachschubdepots, Truppenlager und Verschiebebahnhöfe. Zumeist handelte es sich um Angriffsziele in Klein- und Mittelstädten wie Schwelm, Iserlohn, Unna und Recklinghausen, die von größeren Bombardierungen bisher verschont geblieben waren. Die Auswirkungen waren erheblich, zumal diese Städte kaum Schutzmöglichkeiten für die Bevölkerung besaßen. Zur besonderen Belastung wurden die ständigen Jagdbomber-Angriffe auf fahrende Züge, Bahn- und Industrieanlagen sowie auf den Straßenverkehr und (Zivil-)Personen. Wie sich ein solcher Jagdbomber-Angriff aus der Perspektive eines Beobachters am Boden abspielte, zeigt folgender zeitgenössischer Tagebucheintrag: „Im Tiefflug, mit heulendem Motor stoßen sie auf uns herab. Sie schießen aus allen Rohren und werfen Bomben auf das Bahngelände [in Hagen-Vorhalle]. Wir stehen am Bunker und beobachten die Flieger, die über uns kreisen. [...] Dann kommen sie dicht über unsere Dächer dahingefegt und ohrenbetäubendes Getöse erfüllt die Luft. Überall steigen Rauchpilze gen Himmel auf, von getroffenen Tankwagen, immer wieder stoßen sie herab."[108] Die psychologischen Auswirkungen dieser zumeist ohne Vorwarnung stattfindenden Angriffe waren entsprechend groß.

Bis Ende März 1945 setzten die strategischen Luftstreitkräfte ununterbrochen ihre schweren Angriffe auf das Ruhrgebiet fort. Höhepunkt war eine Serie von außerordentlich schweren Angriffen vom 10. bis zum 20. März 1945 sowie eine darauf folgende viertägige Luftoffensive im Zusammenhang mit dem Rhein-Übergang alliierter Truppen. In diesem Zeitraum wurden Essen, Dortmund, Hagen und Witten durch konzentrierte britische Flächenangriffe buchstäblich ausgelöscht.

Die Industrie- und Verkehrsanlagen der Region boten im Frühjahr 1945 ein Bild fast vollständiger Zerstörung. Die Alliierten berichteten in ihrer täglich über Deutschland verbreiteten Flugblattzeitung „Nachrichten für die Truppe" ausführlich über die schweren Luftangriffe. Plakative Schlagzeilen wie „Die Ruhr unter neuem Terror", „Essen geht in Flammen auf", „Bomben auf Dortmund blockieren die Ruhr", „Doppelschlag gegen Hagen", „Auch die Ruhr wird Todeszone" und „Die Ruhr steht in Flammen" signalisierten den

---

108   Tagebuch Richard Römer (25.3.1945).

deutschen Lesern die alliierte Lufthoheit über dem Reichsgebiet.[109] Goebbels notierte am 16. März 1945 nach einem Bericht des südwestfälischen Gauleiters Hoffmann: „Man fragt sich jeden Tag vergeblich, wohin das führen soll. Unser Rüstungspotential und unser Verkehrswesen werden hier [im Ruhrgebiet] in einem Umfange zerschlagen, dass man sich leicht ausrechnen kann, wann der Zeitpunkt eintreten wird, wo wir sozusagen vor dem Nichts stehen."[110]

Da die Baumaßnahmen für den Luftschutz in den vorausgegangenen Jahren völlig unzureichend waren, wurden die Stadtbewohner seit 1943 aufgefordert, für ihren Schutz durch den Bau von Luftschutzstollen selbst zu sorgen. Allerdings fehlten Baustoffe und Arbeitskräfte. Im NS-Gau Westfalen-Süd versuchte Hoffmann noch zur Jahreswende 1944/1945 ein umfassendes Stollen-Bauprogramm zu organisieren, das zudem von einer Propagandaoffensive begleitet wurde.[111] Tatsächlich boten die in der Endphase des Krieges errichteten Stollen nur einen unzureichenden Schutz.

Für die Zivilbevölkerung, die nun beinahe den ganzen Tag in Stollen und Bunkern verbringen musste, war der Bombenkrieg eine große Belastung. Ein zeitgenössischer Bericht verdeutlicht dieses „Stollenleben" auf eindringliche Weise: „Bei uns ist es mit dem Alarm in letzter Zeit ganz toll. Vormittags um ½ 10 Uhr müssen wir meistens schon in den Stollen, über Mittag auf jeden Fall, jeden Nachmittag um ½ 4 Uhr, abends um ½ 7 Uhr und nachts noch mal. Dabei ist der Stollen total überfüllt und die Luft darin völlig verbraucht, so dass man glaubt, nicht mehr atmen zu können. Gestern war den ganzen Tag ein Transport Leichtverwundeter aus dem Westen mit im Stollen. Wenn man die armen Soldaten sieht, total verdreckt mit zerrissenen Uniformen und verklebten Verbänden, dazu erschreckend elend aussehend, möchte man weinen über dieses furchtbare Kriegsgeschehen. Dabei rückt die Front hier im Westen immer näher. Was soll nur aus uns werden?"[112]

Zur Jahreswende 1944/45 zeichnete sich die deutsche Niederlage ab. Eine Mutter, deren Kinder in Sachsen „luftsicher" untergebracht waren, schrieb im Dezember 1944: „Ich fürchte tatsächlich immer mehr, dass das ganze Ruhrgebiet noch Kriegsgebiet wird, so dass wir hier heraus müssen. [...] Es hat ja keinen Zweck, dass wir irgendwelche Zukunftspläne machen. Man muss alles an sich herankommen lassen."[113]

---

109 Klaus Kirchner (Hg.): Nachrichten für die Truppe 1945. (Flugblattpropaganda im 2. Weltkrieg 12), Erlangen 1995, hier Flugblattzeitungen v. 11., 12., 13., 21. und 24.3.1945.

110 Goebbels Tagebücher, T. II, Bd. 15, S. 519 (Eintrag v. 16.3.1945).

111 Blank, Albert Hoffmann als Reichsverteidigungskommissar, S. 196f.

112 Brief von Ilse Thormählen aus Hagen an ihre evakuierten Söhne, 12.11.1944; Stadtarchiv Hagen.

113 Brief von Ilse Thormählen aus Hagen an ihren Sohn v. 12.12.1944; Stadtarchiv Hagen.

Noch im Frühjahr 1945 starben im Rhein-Ruhr-Gebiet Tausende von Menschen durch Bombenangriffe. Goebbels notierte: „Mir liegt ein erschütternder Bericht von Gauleiter Hoffmann aus Westfalen-Süd vor. Er legt dar, dass praktisch in seinem Gau ein öffentliches Leben überhaupt nicht mehr möglich sei. Der Verkehr sei gelähmt, und man könne sich nicht mehr auf den Straßen bewegen. Die Wirtschaft liegt darnieder. Kohlen würden nicht mehr gefördert und nicht mehr transportiert. Auch von der geringsten Abwehr sei weit und breit nichts mehr zu entdecken. Man könne sich vorstellen, welche Auswirkungen das auf die Moral der Bevölkerung ausübe."[114] Auch die Einrichtung von Standgerichten gegen „Defaitisten" und „Fahnenflüchtige" vermochten die mentalen Auswirkungen des Luftkriegs in der Zivilbevölkerung nicht mehr aufzufangen.

Ein in Dortmund als Luftwaffenhelfer eingesetzter Oberschüler brachte seinen Eindruck von der „Stimmungslage" auf den Punkt: „Man kann sich ja nur noch an die „neuen Waffen" und die Geschichte klammern. An die neuen Waffen glaubt niemand mehr. Die Geschichte kennt niemand. So ist es für die Leute klar, dass unsere Sache eine verlorene ist."[115] Die NS-Propaganda vermittelte jedoch immer noch ein anderes Bild. Auf einem Flugblatt unter dem Titel „Wir wissen mehr, als der Gegner weiß" wurde vom Gaupropagandaamt Westfalen-Süd verbreitet, dass die am 1. April 1945 von US-amerikanischen Truppen vollzogene Einkesselung des Ruhrgebiets ein großer Abwehrerfolg der deutschen Verteidigung gewesen und im Vorfeld geplant worden sei.[116]

Albert Speer besuchte letztmalig vom 24. bis 30. März 1945 die Region, um die dortigen Gauleiter bei einem Treffen in Rummenohl bei Hagen von der Durchführung von Hitlers „Nero-Befehl" abzubringen.[117] Dennoch wurden häufig noch unmittelbar vor der Eroberung durch US-Truppen bislang unzerstört gebliebenen Industriebetriebe und Brückenbauwerke der Ruhr, Lippe und Emscher sowie der Kanäle gesprengt. Dabei tat sich wiederum Gauleiter Hoffmann hervor, der noch kurz vor Kriegsende eine Art „Arbeitermiliz" zur Verteidigung von Industriebetrieben bildete.[118] Die Besetzung des Ruhrgebiets durch US-amerikanische Truppen konnten diese Maßnahmen jedoch weder verzögern noch verhindern.

---

114 Goebbels Tagebücher, T. II, Bd. 15, S. 564 (Eintrag v. 22.3.1945).

115 Zitiert nach: Die Zusammenbruchsgesellschaft. Kriegs- und Trümmerzeit in Dortmund in Berichten und Dokumenten, hg. von der Geschichtswerkstatt Dortmund, Dortmund 1995, S. 73.

116 „Wir wissen mehr, als der Gegner weiß." Flugblatt des Gaupropagandaamts im Gau Westfalen-Süd, o.D. (2.–7.4.1945); Stadtarchiv Hagen.

117 Albert Speer: Erinnerungen, Frankfurt/Main-Berlin-Wien 1969, S. 452 f. Zum „Nero-Befehl" vgl. Klaus-Dietmar Henke: Die amerikanische Besetzung Deutschlands, (Quellen und Darstellungen zur Zeitgeschichte 17), München 1995, S. 421 ff.

118 Anordnung des Gauleiters von Westfalen-Süd über die Aufstellung von „Arbeiter-Freiwilligen-Bataillonen im Deutschen Volkssturm", Gaubefehlsstelle Harkortberg, 28.3.1945; Stadtarchiv Herne, Bestand Wanne-Eickel, Akten Durchführung des Totalen Krieges.

Vor dem endgültigen Untergang erwies sich das NS-Regime nochmals als verbrecherisches System, das Mord und Terror zum Herrschaftsprinzip erhoben hatte. Mit Verschlechterung der Kriegslage im Sommer 1944 wurden die in den Industriebetrieben des Ruhrgebiets eingesetzten Kriegsgefangene und Zwangsarbeiter verstärkt als potentielle Bedrohung empfunden. Unmittelbar nach der alliierten Invasion in der Normandie gab Gauleiter Hoffmann die Anweisung zur sofortigen Meldung von „passiver Resistenz bzw. sonstigem Widerstand" unter Zwangsarbeitern.[119] In der Endphase des Krieges wurden dann besonders sowjetische Kriegsgefangene und „Ostarbeiter" bei geringsten Verdachtsmomenten kurzerhand ohne Gerichtsverfahren exekutiert – oft nur wenige Stunden vor dem rettenden Einmarsch alliierter Truppen.[120] Massenmorde der Gestapo im Rombergpark und in der Bittermark bei Dortmund, wo fast 300 Menschen den Tod fanden,[121] sowie Massenexekutionen in vielen anderen Städten an Rhein und Ruhr bezeugen ebenso wie die Zunahme der Misshandlungen von ausländischen Arbeitskräften oder die Ermordung von abgesprungenen alliierten Fliegern beispielhaft den im Nationalsozialismus von Anbeginn vorhandenen Verfallprozess von ethischen und moralischen Wertvorstellungen. Im Gau Westfalen-Süd erließ Hoffmann sogar einen Befehl, der Polizei- und Gendarmeriebeamten eine Bestrafung androhte, wenn sie abgesprungenen „Jabo-Piloten", die von der Bevölkerung misshandelt oder gar gelyncht wurden, helfen sollten.[122]

Die deutsche Zivilbevölkerung – und mit ihr zahllose ausländische Zwangsarbeiter, Häftlinge aus Konzentrationslagern und Kriegsgefangene – mussten die Schrecken und Leiden eines grenzenlos gesteigerten strategischen Bombenkriegs

---

119 Anordnung des Gauleiters und Reichsverteidigungskommissars als Beauftragter des Generalbevollmächtigten für den Arbeitseinsatz, 19.6.1944; Stadtarchiv Herne, Bestand Herne, Kasten 21 (Arbeitskräfte LS-Programm).

120 Zu den „Kriegsendphasenverbrechen", vgl. Sven Keller: Verbrechen in der Endphase des Zweiten Weltkrieges. Überlegungen zu Abgrenzung, Methodik und Quellenkritik, in: Cord Arendes/Edgar Wolfrum/Jörg Zedler (Hg.): Terror nach Innen. Verbrechen am Ende des Zweiten Weltkrieges, (Dachauer Symposien zur Zeitgeschichte 6), Göttingen 2006, S. 25–50. Gerhard Paul: „Diese Erschießungen haben mich innerlich gar nicht mehr berührt." Die Kriegsendphasenverbrechen der Gestapo 1944/45, in: Gerhard Paul/Klaus-Michael Mallmann (Hg.): Die Gestapo im Zweiten Weltkrieg. ‚Heimatfront' und besetztes Europa, Darmstadt 2000, S. 543–568. Hans-Dieter Schmid, Die Geheime Staatspolizei in der Endphase des Krieges, in: Geschichte in Wissenschaft und Unterricht 51 (2000), S. 528–538.

121 Stadtarchiv Dortmund (Hg.), Widerstand und Verfolgung in Dortmund 1933–1945, Dortmund 1981, S. 307ff. Ausführlichere Informationen und Quellen enthalten die Untersuchungs- und Ermittlungsunterlagen; National Archiv London, WO 309/1209 (Romberg Park, Dortmund), FO 1060/201 (Crimes against humanity: Dortmund Gestapo).

122 Ralf Blank: „… der Volksempörung nicht zu entziehen." Gauleiter Albert Hoffmann und sein „Fliegerbefehl", in: Märkisches Jahrbuch für Geschichte 98 (1998), S. 255–296. Zum Thema vgl. jetzt Georg Hoffmann: Fliegerlynchjustiz. Gewalt gegen abgeschossene alliierte Flugzeugbesatzungen 1943–1945, Paderborn 2015 [= Krieg in der Geschichte 88].

bis zum bitteren Ende erdulden. Sie bezahlten die grausame Rechnung für die Verbrechen des nationalsozialistischen Regimes. Daher wurde der alliierte Einmarsch vielerorts zunächst vor allem auch als Befreiung von den ständigen Bombenangriffen und belastenden Fliegeralarmen empfunden. So notierte der Hagener Bürger Bernhard Petersen am 17. April 1945, am Tag nach der Besetzung seiner Heimatstadt durch US-amerikanische Truppen, in seinem Tagebuch: „In der vergangenen Nacht haben wir uns zum ersten Mal voll ausgezogen ins Bett legen können, da wir nicht mehr zu fürchten brauchen, plötzlich heraus zu müssen."[123] Doch es war ein Ende in Trümmern – im wörtlichen materiellen wie auch im übertragenen moralischen Sinn.

---

123   Tagebuch Bernhard Petersen, S. 158 (17.4.1945)

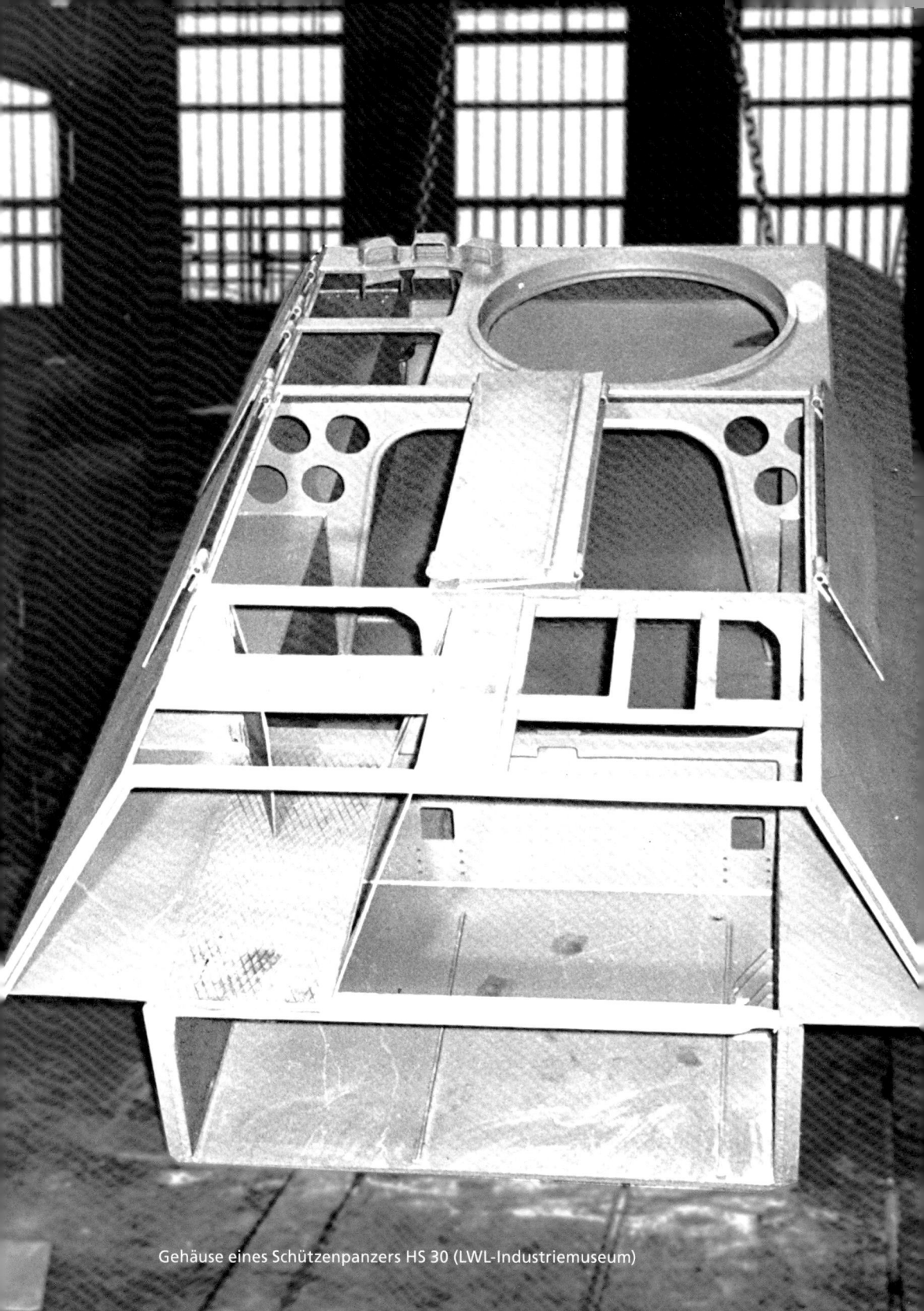

Gehäuse eines Schützenpanzers HS 30 (LWL-Industriemuseum)

Dieter H. Kollmer

Der Erwerb des Schützenpanzers HS 30
Ein Beispiel für die Folgen volkswirtschaftlich motivierter Rüstungsgüterbeschaffung während des Kalten Krieges[1]

Die Beschaffung von Rüstungsgütern[2] für die eigenen Streitkräfte hat die Aufmerksamkeit der deutschen Öffentlichkeit in den vergangenen rund 70 Jahren zumeist nur dann auf sich gezogen, wenn es sich dabei um wirkliche oder vermeintliche „Beschaffungsskandale" gehandelt hat.[3] In den meisten Fällen wurden die Geschehnisse primär aus wahlkampftaktischen Gründen von der Opposition im Bundestag thematisiert und über die deutsche Medienlandschaft einseitig kommuniziert.[4] Immer wieder wurde intensiv und öffentlichkeitswirksam darüber diskutiert, wie es zu dem „Skandal", dieser „Affäre" oder jenem „Betrug" kommen konnte, welche Fehler dabei gemacht wurden und

---

1 Vortrag im LWL-Industriemuseum Henrichshütte Hattingen am 12.9.2014.

2 Der Beitrag basiert auf Dieter H. Kollmer: Rüstungsgüterbeschaffung in der Aufbauphase der Bundeswehr. Der Schützenpanzers HS 30 als Fallbeispiel (1953–1961), (Beiträge zur Wirtschafts- und Sozialgeschichte 93), Stuttgart 2002, sowie: Ders.: Schützenpanzer HS 30. Dichtung und Wahrheit, in: Milita?rgeschichte 3/2004, S. 12–15.

3 Besonders deutlich wurde dieser Sachverhalt in den vergangenen Jahren im Zusammenhang mit der (geplatzten) Beschaffung der Kampfdrohne „Eurohawk" (siehe hierzu u.a.: Der Spiegel Nr. 23/2013 (Titelgeschichte mit sechs Artikeln zu der Thematik) und dem vermeintlichen Skandal um die Sturmgewehre G 36 (siehe hierzu u.a.: http://www.zeit.de/politik/deutschland/2015-03/bundeswehr-gewehr-g36-maengel (zuletzt abgerufen: 10. Juni 2015). Eine kurze Zusammenfassung verschiedener bundesdeutscher „Rüstungs-Skandale" findet man unter: http://www.rp-online.de/politik/deutschland/ruestungsflops-von-peinlich-bis-toedlich-1.3462905 (zuletzt abgerufen: 10. Juni 2015). Ausgewogene und äußerst kenntnisreiche Berichte zu dieser Thematik im Besonderen sowie der Bundeswehr im Allgemeinen verfasst der Journalist Thomas Wiegold in seinem Blog unter: http://augengeradeaus.net/ (zuletzt abgerufen: 10. Juni 2015).

4 Der Untersuchungsausschuss des Verteidigungsausschusses zur Beschaffung des Schützenpanzers HS 30 wurde am 27. April 1967 auf Bestreben von SPD und FDP konstituiert und leitete das Ende der großen Koalition ein, obwohl er zu keinem konkreten Ergebnis kam (siehe hierzu: Kollmer 2002. Weitere Untersuchungsausschüsse u.a. zur Beschaffung des Jagdbombers F-104G „Starfighter", des Mehrzweckkampfflugzeuges „Tornado" oder die Lieferung von U-Booten nach Südafrika verliefen ebenfalls im Sande, gleichwohl verfehlten sie ihre politische Wirkung nicht, die amtierende Regierung zu schwächen. Diese Konsequenzen haben im Laufe der Jahre dazu geführt, dass dieses Instrument immer wieder eingesetzt wurde; nicht zum Vorteil für die Bundeswehr und ihres Ansehens in der bundesdeutschen Bevölkerung. Zum eigentlichen Zweck des Untersuchungsausschuss des Verteidigungsausschusses siehe u.a. http://www.bundestag.de/dokumente/analysen/2009/verteidigungsausschuss_als_untersuchungsausschuss.pdf (zuletzt abgerufen: 10. Juni 2015).

wer deshalb dafür verantwortlich gemacht werden muss. Eigentlich ging es dabei nie um die wirklichen Abläufe bei der Planung, Entwicklung und dem Erwerb der Rüstungsgüter, sondern vielmehr um die möglichen politischen Konsequenzen. Aber gerade die Frage danach, warum ein Rüstungsgut unter welchen Umständen zu welchem Zweck beschafft wurde, hätte oftmals die vorhergehenden Fragen beantworten können, zumal bis vor wenigen Jahren das Material für die Bundeswehr vorrangig auf der Basis einer Vielzahl von politischen Aspekten, losgelöst von seinem eigentlichen militärischen Nutzen, erworben wurde.[5]

Der eigentliche Beschaffungsvorgang ist trotz seiner zum Teil hohen Belastung für den Bundeshaushalt bis heute für die Medien aber auch in der historischen Forschung zumeist nur von nachgeordnetem Interesse. Die Gründe hierfür sind vielfältig. Insbesondere die Komplexität der Rüstungsgüterbeschaffung, die vor allem von juristischen, ökonomischen, technischen, bürokratischen und einer Vielzahl politischer Prozesse beeinflusst wird[6], hat vermutlich zu dieser bemerkenswerten Vernachlässigung derselben geführt. Für eine fundierte Auseinandersetzung mit dieser Thematik bedarf es umfassender struktureller und prozessorientierter Kenntnisse unterschiedlicher Spezialgebiete (wie z.B. Politik, Militär, Technik, Recht, Wirtschaft, Finanzwesen, Volkswirtschaft, Behördenwesen). Darüber hinaus hat auch die ethisch-moralische Dimension der Beschaffung von „tödlichen Waffen"[7] für die von der deutschen Gesellschaft

---

5   Siehe hierzu u.a.: Dieter H. Kollmer: „Klotzen, nicht kleckern!" Die materielle Aufrüstung des Heeres von den Anfängen bis Ende der 1960er Jahre, in: Helmut R. Hammerich u.a.: Das Heer 1950 bis 1970. Konzeption, Organisation und Aufstellung, München 2006, S. 493–508 und Bernd Lemke: Konzeption und Aufbau der Luftwaffe, in: Bernd Lemke u.a.: Die Luftwaffe 1950–1970. Konzeption, Aufbau, Integration, München 2006, S. 323–360.

6   Zur Komplexität des eigentlichen Beschaffungsprozesses siehe u.a.: Kollmer 2002; Ulrich Lenz: Kostensteigerung bei öffentlichen Aufträgen. Am Beispiel der Rüstungsgüter, Wiesbaden 1990; Michael Geyer: Deutsche Rüstungspolitik 1860–1980, Frankfurt/M. 1984. Sehr kritisch und mit eindeutiger politischer Implikation zu dieser Thematik siehe u.a.: Heinz J. Bontrup: Preisbildung bei Rüstungsgütern. Köln 1986.

7   Die Einstellung weiter Teile der bundesdeutschen Bevölkerung zur Bewaffnung der Bundeswehr wird exemplarisch wiedergegeben bei: http://www.bgland24.de/bgland/schoenau/schoenau-koenigssee-bundeswehr-praesentierte-arsenal-waffen-fahrzeugen-bgland24-2389253.html (zuletzt abgerufen: 10. Juni 2015). Eine durchaus bemerkenswerte wissenschaftliche Studie hierzu findet man u.a. bei: Ulrike C. Wasmuht: Frieden schaffen – mit oder ohne Waffen? Eine Auseinandersetzung mit (un-)versöhnlichen Argumenten in der links-intellektuellen Diskussion und öffentlichen Meinung, (SOWI Arbeitspapier 110), Strausberg 1998. Besonders deutlich wird die Einstellung unter deutschen Intellektuellen in der zurzeit an deutschen Universitäten betriebenen Kampagne gegen „militärische Forschung" die an den jeweiligen Universitäten in einer sogenannten „Zivilklausel" münden und mithin sämtliche Forschungsgegenstände, die einen militärischen Bezug haben, verhindern soll. Siehe hierzu u.a.: Daniel Woitoll: Keine Raum für „Teufelszeug", in: loyal 4/2013, S. 23–25 und http://www.zeit.de/studium/hochschule/2013-01/zivilklausel-uni-kassel-pro-contra (zuletzt abgerufen: 10. Juni 2015).

mit „freundlichem Desinteresse"[8] begleiteten Bundeswehr eine historische Aufarbeitung dieses Gegenstandes bisher eher verzögert. Nach der ausführlichen innergesellschaftlichen Beschäftigung mit dem Verhalten der Wehrmacht im Zweiten Weltkrieg infolge der Wehrmachtsausstellung[9] konzentriert sich das Interesse der Deutschen am eigenen Militär mehr auf Themen wie z.B. die Soldaten selbst, Tod und Verletzung, innere Strukturen, Führungsverhalten oder auch Traditionen - als denn auf das, was man „militärische Hardware" nennen könnte, wie z.B. operative Vorstellungen, Einsätze oder eben Rüstungsgüter und deren Herstellung bzw. Beschaffung.[10] Letzteres verwundert umso mehr da Deutschland seit einigen Jahren immer wieder dafür in der Kritik steht, einer der größten Rüstungsgüterproduzenten und mithin Waffenexporteure der Welt zu sein.[11] Die Mehrzahl der dort gemachten Einwände würde an Bedeutung verlieren, wenn sich einige der Kritiker detailliert mit den Rahmenbedingungen der deutschen Rüstungsgüterproduktion auseinandersetzen würden.[12]

Um die Besonderheiten und die Komplexität der Herstellung bzw. Beschaffung von militärischen Gütern und Dienstleistungen im internationalen, nationalen oder aber auch regionalen Rahmen angemessen beurteilen und einordnen zu können, bietet sich u.a. ein dezidierter historischer Rückblick an. Das jeweilige historische Beispiel liefert zwar keine Blaupause für eine erfolgreiche Durchführung von Rüstungsprojekten, jedoch eine sachliche Analyse der Vorgehensweise der projektverantwortlichen Gremien und Personen, welche unter Umständen verdeutlicht, welche Fehler in der Vergangenheit gemacht wurden und deshalb in Zukunft tunlichst vermieden werden sollten. Das aus regionalhistorischen Gründen für diesen Sammelband gewählte Beispiel zeigt auf, dass der Erwerb von Rüstungsgütern zumeist nicht monokausal, z.B. aus übergeordneten militärischen Gründen erfolgt, sondern vielmehr verschiedene politische Sachzwänge zu einer Entscheidung führen, die häufig nicht die militärtechnisch beste Variante ist. Das herausragende Movens in Deutschland für Entscheidungen dieser Art ist seit der Aufstellung der Bundeswehr das

---

8   Eine interessante, fundierte Betrachtung der Problematik kann man u.a. nachlesen unter: Heiko Biehl/Rüdiger Fiebig: Zum Rückhalt der Bundeswehr in der Bevölkerung. Empirische Hinweise zu einer emotional geführten Debatte, (SOWI-Thema 2/2011), Strausberg 2011.

    Eine sachlich, kritische Analyse dieser Ausstellung kann man u.a. nachlesen bei: Christian Hartmann u.a.: Verbrechen der Wehrmacht. Bilanz einer Debatte, München 2005.

10 Siehe hierzu u.a.: Biehl/Fiebig 2011.

11 Siehe hierzu exemplarisch: http://www.zeit.de/wirtschaft/2014-09/infografik-waffenexporte (zuletzt abgerufen: 10. Juni 2015).

12 Zu dieser Problematik siehe vor allem: Dieter H. Kollmer: Militärisch-Industrielle Komplexe vs. Rüstungsinterventionismus. Rüstung in Europa und Nordamerika nach 1945 im Vergleich, in: Ders. (Hg.): Militärisch-Industrieller Komplex? Rüstung in Europa und Nordamerika nach dem Zweiten Weltkrieg. Freiburg 2015, S. 6–18.

volkswirtschaftliche Wachstum und demzufolge wirtschaftspolitische Faktoren, an denen sich die Rüstungsgüterbeschaffung seit jeher orientieren muss.[13]

1. Rahmenbedingungen für die Beschaffung eines Schützenpanzers für die Bundeswehr in den 1950er Jahren

1.1 Das Interesse der NATO

Am 5. Mai 1955 – also vor gut 60 Jahren – wurde mit dem Inkrafttreten der Pariser Verträge die Bundesrepublik Deutschland Mitglied der NATO. Insbesondere die Vereinigten Staaten hatten seit Anfang der 1950er auf einen bundesdeutschen Beitrag an den Verteidigungsbemühungen der westlichen Demokratien in Mitteleuropa gedrängt.[14] Nicht nur die geopolitische Lage der Bundesrepublik entlang des Eisernen Vorhanges, sondern auch die Aussicht auf rund 500.000 deutsche Soldaten zur konventionellen Verteidigung sind hierfür ausschlaggebend gewesen. Bereits während des Zweiten Weltkriegs hatten die politischen Verantwortlichen in Washington großen Respekt vor der Kampfstärke und Disziplin der deutschen Soldaten entwickelt.[15] Darüber hinaus sollte die konventionelle Verteidigung Westeuropas spätestens – so die Vorstellung der Regierung Truman – ab 1953 primär durch die Europäer sichergestellt werden. Die USA wollten in diesem Zusammenhang nur noch die atomare Abschreckung übernehmen.[16] Folglich verlangten Washington und Brüssel von Bonn eine sehr schnelle konventionelle Aufrüstung. Bis Ende 1959 sollten insbesondere die zwölf geplanten Heeres-Divisionen der aufzustellenden

---

13 Zu den Einflussfaktoren auf die Entscheidungsfindung bei der Rüstungsgüterbeschaffung in der Bundesrepublik Deutschland nach dem Zweiten Weltkrieg siehe u.a.: Werner Abelshauser: Wirtschaft und Rüstung in den fünfziger Jahren, in: Militärgeschichtliches Forschungsamt (Hg.): Anfänge westdeutscher Sicherheitspolitik 1945–1956, Band 4: Wirtschaft und Rüstung, Souveränität und Sicherheit. München 1997, S. 1–26 und Kollmer 2015, S. 133f.

14 Warum die USA, aber auch einige kleinere westeuropäische Staaten sich einen bundesdeutschen Verteidigungsbeitrag wünschten, wird u.a. sehr gut erläutert durch: Gero von Gersdorff: Adenauers Außenpolitik gegenüber den Siegermächten 1954. Westdeutsche Bewaffnung und internationale Politik, München 1994. Für die bundesdeutsche Position: Agilolf Keßelring/Thorsten Koch: Himmerod war nicht der Anfang. Bundesminister Eberhard Wildermuth und die Anfänge westdeutscher Sicherheitspolitik, in: Militärgeschichtliche Zeitschrift 74 (2015), S. 60–96.

15 Zu dem Phänomen des Respekts der Amerikaner vor den Soldaten der Wehrmacht siehe vor allem das Standardwerk des israelischen Militärhistorikers Martin van Creveld: Kampfkraft. Militärische Organisation und Leistung der deutschen und amerikanischen Armee 1939–1945, Graz 52011.

16 Zu den Verteidigungsplanungen der Truman-Administration in Europa siehe u.a.: Henry Kissinger: Kernwaffen und auswärtige Politik. München 1959 und David Rosenberg: The Origins of Overkill: Nuclear Weapons and American Strategy, 1945–1960. International Security Vol. 7, Nr. 4, Spring 1983, S. 3–71.

bundesdeutschen Streitkräfte der NATO unterstellt werden. Bundeskanzler Konrad Adenauer stimmte diesem Aufbautempo zu, obwohl er genau wusste, dass dies eine schnellere Aufbauleistung verlangte, als die der Wehrmacht von 1935 bis 1939 – unter wesentlich günstigeren Voraussetzungen.[17]

1.2 Strategische und haushalterische Überlegungen der Bundeswehrführung

Ausgehend von einer konventionellen Verteidigung Mitteleuropas schlussfolgerten die militärischen Berater des ersten Verteidigungsministers der Bundesrepublik Deutschland, Theodor Blank, dass es im Falle einer kriegerischen Auseinandersetzung zu einer großen Panzerschlacht in der norddeutschen Tiefebene kommen würde.[18] Für diese Auseinandersetzung benötigte die Bundeswehrführung eine große Anzahl gepanzerter Fahrzeuge. Kampfpanzer, Kanonenjagdpanzer, Flugabwehrpanzer, Aufklärungspanzer, Gefechtsstandfahrzeuge und natürlich eine größere Anzahl Schützenpanzer. Aufgrund der Erfahrungen während des Zweiten Weltkriegs an der Ostfront, hatte die militärische Spitze im BMVg sehr genaue Vorstellungen von dem was der zukünftige Schützenpanzer der Bundeswehr alles können sollte.[19] Nur leider gab es zu diesem Zeitpunkt weltweit keinen Schützenpanzer mit den gewünschten Konfigurationen. Das einzige Fahrzeug, dass den Vorstellungen der bundesdeutschen Planern nahe kam, war der französische AMX 13. Dieser erschien aber den Beschaffungsreferaten im BMVg mit einem Stückpreis von umgerechnet 250.000 DM deutlich zu teuer.[20] Folglich musste geprüft werden, ob es möglich war, ein neues Fahrzeug zu entwickeln, dass nicht nur den taktisch-operativen und militärtechnischen Anforderungen der Bundeswehr entsprach, sondern auch den Bundeshaushalt nicht übermäßig belasten würde.[21]

---

17 Warum Adenauer den Alliierten Forderungen zustimmte, verdeutlicht u.a.: Christian Greiner: Die militärische Eingliederung der Bundesrepublik Deutschland in die WEU und die NATO 1954 bis 1957, in: Hans Ehlert u.a.: Die NATO-Option. Anfänge westdeutscher Sicherheitspolitik 1945–1956, Band 3. München 1993, S. 647f.

18 Über die strategische und operative Ausrichtung der Bundeswehr entsteht zur Zeit am Zentrum für Militärgeschichte und Sozialwissenschaften der Bundeswehr (ZMSBw/vormals MGFA) eine Dissertation. Die Arbeit von Florian Reichenberger setzt sich mit dem Kriegsbild der Bundeswehrführung während des Kalten Krieges auseinander und wird voraussichtlich Ende 2016 in gedruckter Form vorliegen.

19 Zu den Vorstellungen der militärischen Führung bezüglich des Schützenpanzers für die Bundeswehr siehe: Kollmer 2002, S. 136–139.

20 Die Berechnungen bezüglich Preise für Schützenpanzer Mitte der 1950er Jahre findet man bei: Kollmer 2002, S. 242. Die Anbahnung verschiedener Rüstungsgeschäfte mit Frankreich Anfang der 1950er Jahre sind sehr detailliert und präzise analysiert in dem gerade erschienenen Buch: Florian Seiller: Rüstungsintegration. Frankreich, die Bundesrepublik Deutschland und die Europäische Verteidigungsgemeinschaft 1950 bis 1954. München 2015.

21 Über bundesdeutsche Rüstungsstrategien im Kalten Krieg siehe: Michael Creswell/Dieter H. Kollmer: Power, Preferences or Ideas? Explaining Germany's Arms Strategy, 1955–1972, in: Journal for Cold War Studies, Vol. 15, No. 4, Fall 2013, S. 55–103.

1.3 Wirtschafts- und finanzpolitische Aspekte

Über diese eher grundsätzlichen Aspekte hinaus gab es noch andere wichtige Faktoren, welche die Beschaffung von Rüstungsgütern in der Aufbauphase der Bundeswehr wesentlich beeinflussten. Mitte der 1950er Jahre befand sich die bundesdeutsche Wirtschaft inmitten einer Hochkonjunktur, aufgrund derer die meisten Industrieunternehmen generell wenig Interesse an Rüstungsgüteraufträgen hatten.[22] Hinzu kamen die hohen Entwicklungskosten für militärisches Gerät, die nur bedingt durch den Auftraggeber vorfinanziert werden sollten und die – u.a. aufgrund des bundesdeutschen Rüstungsgüterexportverbotes – fehlenden Folgeaufträge für die aufwendig entwickelten und produzierten Unikate. Insgesamt also ein unsicheres Geschäft auf das sich nur wenige Unternehmen in einer Phase der maximalen Prosperität einlassen wollten.[23]

Diese Haltung der westdeutschen Industrie eröffnete der Bundesregierung die Möglichkeit außenhandelspolitische Kompensationsgeschäfte u.a. mit den bisherigen Schutzmächten Frankreich und Großbritannien anzustreben, die in jenen Jahren beide ein hohes Außenhandelssaldo mit der Bundesrepublik verzeichneten und deren Volkswirtschaften in einer tiefen Rezession steckten.[24] Beim südwestlichen Nachbarn wurde auch deshalb sehr schnell der Schützenpanzer, kurz „Hotchkiss" bestellt.[25] Dementsprechend sollte bei den Briten der Kampfpanzer „Centurion" geordert werden.[26] Letzterem Geschäft kamen aber die Amerikaner zuvor. Sie stellten der jungen Bundeswehr im Rahmen einer sehr kostengünstigen Militärhilfe namens „Nash-Commitment"[27] u.a. die Kampfpanzer M-41 und M-47 unschlagbar preiswert zur Verfügung. Infolgedessen mussten im Verteidigungsministerium neue Überlegungen angestellt werden, wie die britische Industrie an der Aufrüstung der Bundeswehr beteiligt werden konnte.[28] Eine Lösung für dieses Problem bahnte sich an, als die Schweizer

---

22 Zur ökonomischen Situation der Bundesrepublik Deutschland Mitte der 1950er Jahre siehe vor allem das Standardwerk: Werner Abelshauser, Deutsche Wirtschaftsgeschichte. Von 1945 bis zur Gegenwart. München ²2011.

23 Die Einstellung deutscher Unternehmer zur Wiederaufrüstung wird näher beleuchtet u.a. bei: Volker Berghahn: Unternehmer und Politik in der Bundesrepublik. Frankfurt a.M. 1985.

24 Zur Lage der westeuropäischen Volkswirtschaften in den Jahren nach dem Zweiten Weltkrieg und den damit verbundenen Problemen siehe u.a. in dem immer noch aktuellen Standardwerk: Carlo M. Cipolla/Knut Borchardt: Europäische Wirtschaftsgeschichte, Band 5: Die europäischen Volkswirtschaften im zwanzigsten Jahrhundert, Stuttgart 1986.

25 Zum Erwerb des Schützenpanzer, kurz „Hotchkiss" siehe u.a.: Kollmer 2006, S. 595-598.

26 Zum geplatzten Centurion-Geschäft mit den Briten siehe u.a.: Abelshauser 1997, S. 165f.

27 Zum „Nash-Commitment" siehe u.a.: Kollmer 2006, S. 523–538.

28 Zu den Verhandlungen zwischen BMVg und dem Wirtschaftsministerium über Kompensationsgeschäfte mit der Regierung in London siehe u.a.: Kollmer 2002, S. 88–92 und 211–214 und Berghahn 1985, S. 369f.

Hispano Suiza Gruppe (= HS) dem BMVg 1955 einen Schützenpanzer anbot, der in England bei einer bis dahin nicht sehr bekannten Firma namens British MARC gefertigt werden sollte.[29]

Aber nicht nur die Möglichkeit diesen Panzer in England fertigen lassen zu können und der Zeitdruck durch die Zusagen an die NATO, sondern auch der vorgeblich niedrige Anschaffungspreis von ca. 170.000 DM und die Konfiguration des Fahrzeuges, die den Wünschen der bundesdeutschen Planer entsprach, führten zu einer schnellen – und wie sich später herausstellen sollte – unüberlegten Entscheidung den sogenannten Schützenpanzer, lang Hispano Suiza HS 30 für die Panzergrenadiertruppe der Bundeswehr zu beschaffen.[30]

Der Preis war von großer Bedeutung, da aufgrund der panzergrenadierstarken Struktur der Bundeswehr nicht weniger als 10.680 Schützenpanzer, lang angeschafft werden sollten.[31] Der veranschlagte Beschaffungspreis lag also bei ungefähr 2,5 Milliarden DM. Der jährliche Verteidigungsetat betrug in jenen Jahren aufgrund der Vorgabe des rigiden Finanzministers Fritz Schäffer nur konstante neun Milliarden DM.[32] Bei einer durchschnittlichen Investitionsquote von ca. 30 Prozent p.a., hätte diese Beschaffung den gesamten Rüstungsetat eines Jahres verbraucht. Das BMVg musste in diesen Jahren aber nicht nur Gefechtsfahrzeuge für die Kampftruppen des Heeres beschaffen, sondern auch sämtliche persönliche Ausrüstungsgegenstände, die die Soldaten für die Erfüllung ihrer Aufgaben benötigten, zudem Kleinfahrzeuge, Transportfahrzeuge, Fernmeldeanlagen, Handwaffen und vieles mehr. Kasernen, Flugplätze, Hafenanlagen und sonstige Infrastruktur wurden renoviert oder sogar gänzlich neu gebaut, so dass es in jedem Fall dringend notwendig war, die benötigten Rüstungsgüter und militärischen Dienstleistungen so kostengünstig wie möglich zu erwerben.[33]

1.4 Der Schützenpanzermarkt und die gewünschte Konfiguration

In der Nachkriegszeit gab es wie bereits erwähnt noch keinen Markt für Schützenpanzer. Die Fahrzeuge, die von den Amerikanern und Briten in die-

---

29 Zur Anbahnung des Geschäftes mit der British MARC, einer Tochtergesellschaft der Hispano-Suiza, siehe: Kollmer 2002, S. 173–79.

30 Ebda., S. 168–179.

31 Über die Entstehung der benötigten Anzahl Schützenpanzer siehe: Ebda. S.159f.

32 Zum Verteidigungsetat in den 1950er Jahren siehe u.a.: Lutz Köllner: Militär und Finanzen. Zur Finanzgeschichte und Finanzsoziologie von Militärausgaben in Deutschland vom Dreißigjährigen Krieg bis zur Gegenwart, München 1982, S. 112, 143f. und 195.

33 Zu den grundsätzlichen Problemen des Verteidigungshaushaltes in den Aufbaujahren der Bundeswehr siehe u.a.: Lutz Köllner/Hans-Erich Volkmann: Finanzwissenschaftliche, finanzwirtschaftliche und finanzpolitische Aspekte eines deutschen Beitrages zur EVG, in Militärgeschichtliches Forschungsamt (Hg.): Anfänge westdeutscher Sicherheitspolitik 1945–1956, Band 2: Die EVG-Phase., München 1990, S. 757–874.

ser Zeit genutzt wurden, waren bereits über zehn Jahre alt und entsprachen der Technik der Dreißiger Jahre. Der von Ford für die U.S.-Streitkräfte gerade neuentwickelte Schützenpanzer M 59 entsprach aufgrund seines hohen Gewichts und einer Gesamthöhe von immerhin 2,40m nicht den Vorstellungen der bundesdeutschen Offiziere.[34] Einzig der vielgelobte französische AMX 13[35] entsprach den technischen Anforderungen der bundesdeutschen Beschaffer, dieses Modell erschien den verantwortlichen Stellen jedoch „ungewöhnlich teuer"[36]. Im Herbst 1955 stellte Großbritannien der Bundeswehr daher zunächst einmal 500 veraltete Bren-Carrier zu je 4.000.- DM zur Verfügung.[37] Mit diesem Fahrzeug konnten von den Soldaten der Bundeswehr vorübergehend die Einsatzgrundsätze der Panzergrenadiertruppe eingeübt werden.

Der zukünftige Standard-Schützenpanzer sollte nach den Vorstellungen der Bundeswehrführung unter anderem folgende herausragende Merkmale haben:

- volle Geländegängigkeit und Vollkette; kraftschlüssiges, stufenloses Getriebe bei min. 20 PS pro to Gewicht;

- Rundumpanzerung mit zweiflügeligem Heck, bei einer max. Höh von 160 cm ohne Geschützturm;

- 10 Mann Besatzung sowie eine 20mm Bordkanone und eine Vernebelungseinrichtung.[38]

Diese Konfigurationen entsprachen dem technischen und taktischen Entwicklungsstand der damaligen Panzertechnik und -taktik. Merkwürdig erscheint aus heutiger Sicht jedoch, dass die Hispano Suiza beim ersten Kontakt mit dem BMVg für seinen neuentwickelten Schützenpanzer HS 30 genau diese

---

34 Zum westlichen Schützenpanzermarkt Mitte der 1950er Jahre siehe u.a.: Kollmer 2002, S. 139f.

35 Der Stabschef des Amerikanischen Heeres, Gerneral J. Lawton Collins, lobte das Fahrzeug nach einer Vorführung als seinerzeit modernsten Schützenpanzer, der den amerikanischen Modellen deutlich überlegen sei: Foreign Relations of the United States, Diplomatic Papers, 1951, Vol. III/1, S. 84.

36 Kollmer 2002, S. 139.

37 Der Bren Carrier oder auch Universal Carrier ist ein Kuriosum der deutschen Militärgeschichte. Er ist das einzige militärische Fahrzeug, welches von Wehrmacht, Bundeswehr und Nationaler Volksarmee genutzt wurde. Die Wehrmacht setzte erbeutete Universal Carrier unter den Bezeichnungen „Fahrgestell Bren (e)" und „Panzerjäger Bren 731" (e) in großer Zahl ein. Die NVA nutzte 26 Bren Carrier als „Schlepper" aus den Beständen der Roten Armee, die diese im Rahmen der „Lend-Lease Policy" während des Zweiten Weltkriegs vom damaligen Verbündeten aus Großbritannien geliefert bekommen hatte. Siehe hierzu: Tony Bryan/David Fletcher, Universal Carrier 1936–48. The „Bren Gun Carrier" Story, London 2005.

38 Zum Forderungskatalog für den Schützenpanzer für die Panzergrenadiere der Bundeswehr siehe: Kollmer 2002 S. 136f.

Eckdaten präsentierte.[39] Offensichtlich wussten die Schweizer mehr als sie eigentlich wissen durften.[40]

2. Schützenpanzer HS 30 – Der Beschaffungsvorgang
2.1 Wer bzw. was war die Hispano Suiza?

Die im Sommer des Jahres 1904 von dem Schweizer Motoreningenieur Mark Birkigt gegründete Aktiengesellschaft stellte zunächst Motorräder, dann 1910 sogar erste Personenkraftwagen in Produktionsstätten in Barcelona und in Genf her, wovon sich wiederum der Firmenname ableiten lässt.[41] Während des ersten Weltkriegs hielt sich HS mit dem Bau von Motoren für französische Kampfflugzeuge und der Produktion einfacher Lastwagen für die französische Armee über Wasser. Der erste Versuch der Schweizer sich im Bereich der Rüstungsgüterproduktion mit Nachdruck zu etablieren, scheiterte 1921 mit dem Bau eines klobigen Panzerwagens für die französische Armee kläglich. Weltbekannt wurde der Genfer Motorenbauer dann ab Mitte der 1920er Jahre mit dem Bau von Luxusautomobilen. HS war mit seinen Modellen – so z.B. dem 1930 hergestellten ersten sechs Zylinder Pkw und 6.500 ccm starken H 6 B – in dieser Zeit der Hauptkonkurrent der englischen Luxusmarke Rolls-Royce und des deutschen Pendant Maybach.

Da nach Ende des Zweiten Weltkriegs die Geschäfte mit dem Bau von Luxuskarossen nicht wie erwartet anliefen, die meisten vorhandenen Patente veraltet waren und Kapital für große, dringend notwendige Investitionen nicht vorhanden war, glaubte die kaufmännische Leitung des Genfer Unternehmens mit den Ende der 1940er Jahre erworbenen Nachbaurechten für die Rheinmetall 20 mm Kanone gute Geschäfte machen zu können. Die HS wollte ohne Zweifel Kapital aus der Aufrüstung der bundesdeutschen Streitkräfte schlagen. Damit waren die Schweizer aber nicht alleine. Insbesondere französische, US-amerikanische, britische und schwedische Rüstungskonzerne versuchten an dem Milliardenvolumen zu partizipieren, welches in der Aufbauphase der Bundeswehr investiert werden musste.

---

39 Ebda., S. 142.

40 Es gibt bis in die Gegenwart immer wieder Spekulationen darüber, ob es bei der Beschaffung des HS 30 Unregelmäßigkeiten gegeben hat. Verfehlungen der staatlichen Akteure lassen sich bis heute mit geschichtswissenschaftlichen Methoden auf der Basis der noch vorhandenen Quellen jedoch nicht nachweisen.

41 Hier und im Folgenden siehe: Kollmer 2002 S. 148–156.

2.2 Wie wurde der Kontakt des BMVg zur Hispano Suiza Gruppe hergestellt?

Wie der initiale Kontakt zwischen der Hispano Suiza Gruppe und dem bundesdeutschen Verteidigungsministerium zustande kam, lässt sich heute nicht mehr zweifelsfrei nachvollziehen. Es ist sehr wahrscheinlich, dass es sich um geheimdienstliche Beziehungen aus dem Zweiten Weltkrieg über Liechtenstein in die Schweiz gehandelt hat.[42] Weiter forciert wurde dieser Kontakt dann insbesondere durch Offiziere aus dem ehemaligen Heereswaffenamt der Wehrmacht. Diese gingen in den Rüstungsabteilungen des BMVg entweder als Lobbyisten respektive Berater ein und aus, wie z.B. General a.D. Dipl. Ing. Erich Schneider – oder waren dort sogar in verantwortlicher Position tätig, wie z.B. Oberst Ludwig Schanze. Sie nutzten ihre ehemalige Stellung, ihre Beziehungen und ihr Fachwissen, um die Produkte der von ihnen vertretenen Unternehmen mit Nachdruck den Verantwortlichen im Verteidigungsministerium anzudienen.[43]

Diese Beziehungen führten dazu, dass insbesondere bei der Beschaffung von Ausrüstungsgegenständen für das Heer bevorzugt Firmen Aufträge erhielten, die durch ehemalige Offiziere aus den Beschaffungsämtern der Wehrmacht vertreten wurden. Diesen Sachverhalt wiederum machten sich einige Firmen zu nutze (z.B. Klöckner-Humboldt-Deutz (mit Friedrich Berendsen), Hanomag (mit Otto Merker) und Henschel (mit Wilhelm Philipps)), um am Aufbau der Bundeswehr gewinnbringend teilhaben zu können.

Hispano Suiza nutzte verschiedene Hebel, um mit der Bundesrepublik ins Geschäft zu kommen. Zunächst die vorgelegten Pläne und ein unschlagbar günstiger Preis, darüber hinaus aber auch Produktionsstätten in England, in denen der HS 30 gefertigt werden sollte. Bonn hätte damit das gescheiterte Centurion-Geschäft problemlos kompensieren können. Zudem besaßen die Genfer gute Kontakte zu den ehemaligen deutschen „Panzerschmieden" Hanomag und Henschel[44], denen sie bereits Nachbaurechte für den zukünftigen bundesdeutschen Schützenpanzer angeboten hatten. Schließlich waren die Lobbyisten für die Schweizer aggressiv und ohne Skrupel im politischen Raum in Bonn tätig, so dass die Genfer Zentrale stets über jegliche Entwicklung in diesem Zusammenhang informiert gewesen scheint.

---

42 Über die Kontakte ehemaliger Geheimdienstmitarbeiter der Abwehr der Wehrmacht und der Organisation Gehlen nach dem Zweiten Weltkrieg in die Schweiz und nach Liechtenstein entsteht zurzeit eine Arbeit von Agilolf Keßelring.

43 Siehe hierzu u.a.: Kollmer 2002 S. 217–225.

44 Zu den beiden mittlerweile liquidierten Unternehmen Hanomag und Henschel siehe u.a.: Horst D. Görg: Pulsschlag eines Werkes – 160 Jahre Hanomag, Hannover 1998. Ralf Kulla/Thomas Vollmer: Panzer aus Kassel. Die Rüstungsproduktion der Firmen Henschel und Wegmann, Kassel 1994.

2.3 Der „Kampf" des BMVg um einen „kriegstauglichen" Schützenpanzer

Wie bereits geschildert brauchte die junge Bundeswehr so schnell wie möglich eine große Anzahl, kostengünstiger, aber trotzdem „eierlegender Wollmilchsäue" in Form von Schützenpanzern, die den Vorstellungen der für den Aufbau der Panzergrenadiertruppe Verantwortlichen entsprach. Genau solch ein Fahrzeug versprach Hispano Suiza liefern zu können, obwohl die Schweizer noch keine Erfahrung im Panzerbau hatten. Sie offerierten einen Schützenpanzer billiger und effizienter bauen zu können, als alle anderen am Markt befindlichen Anbieter.[45]

Parallel zu den Aufträgen an die Schweizer wurde aus heute nicht mehr nachvollziehbaren Gründen die Wittener Ruhrstahl AG gemeinsam mit dem Düsseldorfer Panzerentwickler Warneke beauftragt, einen deutschen Schützenpanzer zu entwickeln (Projekt „SP 15"). Als die Abkommen mit den Schweizer Anbietern jedoch konkreter wurden, zog sich das BMVg Ende 1956 überraschend von diesem Projekt zurück[46]

Es ist sehr befremdlich, dass die Verantwortlichen im BMVg der dem Schweizer Unternehmen geglaubt haben. Denn bereits im Mai 1956 wurde der Hispano Suiza ein Entwicklungsauftrag erteilt, obwohl diese zu diesem Zeitpunkt nur unvollständige Konstruktionszeichnungen und wage Versprechungen vorweisen konnte. Umso mehr verwundert es, dass in den Monaten danach schnell nacheinander Verträge geschlossen wurden, die das BMVg für die nächsten Jahre beim Schützenpanzerkauf an die Schweizer „Möchtegern-Panzerbauer" band. Damit begann der nicht Enden wollende Ärger mit der Hispano Suiza.[47]

Bereits wenige Wochen nach der Unterzeichnung der ersten Verträge zeigte die Hispano Suiza sehr deutlich ihre wahre Intention bei dem Geschäft mit dem Bonner Verteidigungsministerium. Es ging den Schweizern darum mit dem geringst möglichen Aufwand einen maximalen Gewinn zu erzielen. Offensichtlich nicht an Folgeaufträgen der Bonner Rüstungsabteilungen interessiert, setzten sie alles daran die geschlossenen Verträge maximal zu den eigenen Gunsten auszulegen. Dabei half ihnen stets das Geflecht von Abhängigkeiten auf der Beschafferseite. Die Bundeswehr musste so schnell wie möglich aufgerüstet werden, das Geld sollte in Großbritannien ausgegeben werden, es gab keine den bundesdeutschen Anforderungen entsprechenden Schützenpanzer am

---

45 Kollmer 2002 S. 152f.

46 Siehe hierzu: Ebda. S. 143f. und 156f.

47 Hier und im Folgenden siehe: Ebda., S. 185–207.

Markt und am Schlimmsten für das BMVg: Die geschlossenen Verträge ließen nur einen sehr teuren Rückzug zu.

Im Laufe des Jahres 1957 veränderte sich dann die Situation grundlegend. Franz-Josef Strauß hatte das Verteidigungsministerium im Herbst 1956 übernommen und den Charakter der Aufrüstung der Bundeswehr grundlegend neu justiert: Statt der von der NATO geforderten quantitativen Aufrüstung der westdeutschen Streitkräfte, wollte Strauß eine „Qualitätsarmee" schaffen, die mit dem besten und modernsten militärischen Gerät ausgerüstet werden sollte.[48] Dabei stieß er auf die Verträge mit der Hispano Suiza Gruppe. Verständlicherweise reagierte der energische Bayer verärgert auf das Geschäftsgebaren der Genfer. Wiederholt brachte er dies zum Ausdruck. Entgültig ist Strauß im Sommer 1958 der Kragen geplatzt, als er bei einer Besprechung mit der Firmenleitung der HS vom Geschäftsführer der HS-Deutschland zu hören bekam, dass der Konzern Garantie für alle mit dem Fahrzeug verbundenen Risiken übernehmen würde, nicht aber für die „Kriegstauglichkeit". Wenig später wurde ein Hinweis des Auftraggebers auf die Störanfälligkeit des Schützenpanzers bei den Probeläufen an der Panzertruppenschule in Munster von den Schweizern lapidar mit der Bemerkung abgetan, dass die Truppe vorsichtiger mit dem Fahrzeug umgehen solle! Franz-Josef Strauß war am Ende mit seiner Geduld und wollte nur noch „das möglichst etwas Brauchbares geschaffen wird". Die Geschäftsführung von HS war für ihn als Geschäftspartner vollkommen inakzeptabel geworden.[49]

Trotzdem wäre es möglich gewesen, die umfangreichen Schwierigkeiten mit der Schweizer Auftragnehmerin bereits im Vorfeld zu vermeiden. Mit exakten und dem Auftrag angemessenen Verträgen hätte das Bonner Verteidigungsministerium ein Druckmittel in der Hand gehabt, dem sich auch eine so clevere Unternehmensführung wie die der Hispano Suiza-Gruppe nicht hätte entziehen können.

Die Anzahl der bestellten Panzer wurde nach langwierigen Verhandlungen von anfänglich 10.680 auf nur noch 2.800 reduziert. Nur 1.089 HS 30 wurden in Großbritannien bei dem Lizenznehmer Leyland produziert, die restlichen gut 1.600 in der Bundesrepublik zu gleichen Teilen bei Hanomag und Henschel.

---

48 Zur „Qualitätsarmee" die Franz Josef Strauß initiierte und den Konsequenzen für die Beschaffung für die Bundeswehr siehe u.a.: Deutscher Bundestag, Stenographischer Bericht, 2. Wahlperiode, 169. Sitzung, vom 8. Oktober 1956, S. 9287 und 9290 und Kollmer 2002 S. 96f.

49 Siehe hierzu: Kollmer 2002 S. 230f.

2.4 Die Lizenzproduktion in Deutschland

Die Bundesregierung und das Verteidigungsministeriums hatten von Anfang an ein großes Interesse daran, einen Teil der Schützenpanzer in der Bundesrepublik fertigen zu lassen. Trotz der Hochkonjunktur gab es in der Bundesrepublik einige Unternehmen, die aufgrund ihrer Struktur, Produktionsanlagen und Angebotspalette in finanziellen Schwierigkeiten waren. Lastkraftwagen- und Landmaschinenhersteller wie Hanomag und Lokomotiven- und Baumaschinenhersteller wie Henschel gehörten zweifelsohne zu diesen Firmen.[50] Während des Zweiten Weltkriegs hatten diese beiden Unternehmen neben anderem Wehrmaterial auch Panzer hergestellt. In der Nachkriegsphase bekamen sie dann Schwierigkeiten beim Übergang zur Friedensproduktion.[51]

Die Aufrüstung der Bundeswehr bot den Wirtschaftspolitikern in der Bundesregierung eine Möglichkeit, die Auftragslage dieser Firmen zu verbessern. Nachdem Hanomag bereits im Dezember 1955 als möglicher Lizenznehmer für den Nachbau des HS 30 in Deutschland benannt worden war, schlug ein Vertreter des Wirtschaftsministeriums am 27. Januar 1956 vor, die verschiedenen Schützenpanzer in der Bundesrepublik von Firmengruppen nachbauen zu lassen. Das Bundeswirtschaftsministerium wollte somit mehrere gefährdete Firmen an diesen Großaufträgen beteiligen.

Die HS-Gruppe war grundsätzlich bereit dazu, Lizenzen an mehrere deutsche Firmen weiterzugeben, solange die Zahlung der entsprechenden Gebühren an sie gesichert war. Hierfür wollte das Bundeswirtschaftsministerium zunächst klären, welche Firmen sich am Nachbau des HS 30 beteiligen könnten. So kam es, dass Hanomag und Henschel im Juli 1956 „nach einer relativ langen Diskussion" sich einigten, ein Konsortium für den Nachbau des HS 30 zu gründen. Es erhielt den Namen „Arbeitsgemeinschaft Kettenfahrzeuge" (AGK) und hatte seinen Sitz in Hannover. Die Montage der Fahrzeuge sollte in zwei Werken in Hannover und Karlsruhe stattfinden. Zulieferbetriebe waren für die Fertigung der verschiedenen Bauteile vorgesehen, so z.B. die Wittener Ruhrstahl AG für die Panzerwannenherstellung.[52] Der renommierte Stahlerzeuger wiederum plante die Produktion der Wannen in seiner Henrichshütte in Hattingen.

Im Gegensatz zu Hispano Suiza war das Geschäftsgebaren der bundesdeutschen Lizenznehmer einwandfrei.[53] Die Motivation der Unternehmen

---

50 Zu den Problemen der Unternehmen der Rüstungs- und Schwerindustrie Mitte der Fünfziger Jahre siehe: „Der tragische Fall Henschel. Wer soll sanieren: der Staat oder die Banken?" in: „Blick in die Wirtschaft" Nr. 39 vom 26. September 1957.

51 Hier und im Folgenden siehe: Kollmer 2002 S. 171–198.

52 BArch, BV 3/17855: Behandlung der Ausstattung mit Schützenpanzerwagen (SPW) im Ausschuß für wirtschaftliche Fragen der Verteidigung (Sechserausschuß), 27. Januar 1956, S. 11.

53 Hier und im Folgenden siehe: Kollmer 2002 S. 227f.

war selbstverständlich eine andere als die des Genfer Waffenlieferanten. Insbesondere Henschel als „traditionelle Panzerschmiede"[54] hatte ein sehr großes Interesse daran, sich an der Aufrüstung der Bundeswehr zu beteiligen, nachdem die Versuche, im zivilen Sektor Fuß zu fassen, gescheitert waren. Dementsprechend begrenzten sich die Probleme mit den bundesdeutschen Lizenznehmern auf Fragen des Unternehmergewinnes, der Zusammenarbeit mit Hispano Suiza, Verschiebung von Lieferterminen aufgrund nachweislicher Zulieferer- und/oder Entwicklungsprobleme und die Endabrechnung. Zudem hatten die Verantwortlichen aus den Erfahrungen mit den Schweizern dazugelernt und verhandelten mit den bundesdeutschen Firmen wesentlich unnachgiebiger. Die Verhandlungsposition des BMVg gegenüber den bundesdeutschen Lizenznehmern wurde ferner dadurch verbessert, dass die Verträge genauer abgefasst wurden als mit der HS-Gruppe. Dies wiederum hatte zur Folge, dass dem Geschäftsgebaren von Hanomag, Henschel und Ruhrstahl von vornherein Grenzen gesetzt waren, wollten die Vorstände der beteiligten Firmen auch in Zukunft noch Aufträge aus dem Verteidigungsministerium erhalten.

3. Ein kleiner Exkurs: Schützenpanzer HS 30 – Ein Beschaffungsskandal?

Der Erwerb des Schützenpanzers lang, HS 30 beschäftigte die politische Landschaft in der Bundesrepublik noch bis Anfang der 1970er Jahre. Nachdem diese Angelegenheit Ende der 1950er Jahre nur eine Kleine Anfrage der SPD-Fraktion im Bundestag nach sich gezogen hatte, führte die ohne Zweifel politisch motivierte Pressekampagne gegen Franz-Josef Strauß Mitte der 1960er Jahre noch einmal dazu das dieser Vorgang in der Öffentlichkeit aufgerollt wurde. Bernt Engelmann, Rudolf Augstein und verschiedene andere Journalisten überregionaler Zeitungen[55] untersuchten die Ereignisse aus der Aufbauphase der Bundeswehr so intensiv und bauten so einen medialen Druck auf, dass der Bundestag zu dieser Thematik im April 1967 einen Untersuchungsausschuss konstituierte.[56] Die Spekulationen über den Ablauf der Beschaffung wurden von Tag zu Tag umfangreicher und unrealistischer. Neben glaubwürdigen und unbescholtenen

---

54 Siehe hierzu u.a.: Kulla/Vollmer: Panzer (wie Anm. 43); Henschel: Nur Rüstung kann retten. In: Der Spiegel Nr. 40/1957, 2. Oktober 1957, S. 26f.

55 Siehe hierzu u.a.: Bernt Engelmann: „Die Leiche im Keller der CDU." In: „Deutsches Panorama", 6/1966, Juni 1966, S. 27–34. Rudolf Augstein: „HS 30-oder wie man einen Staat ruiniert." In: „Der Spiegel" 44/66, 24. Oktober 1966, S. 8–24. Peter Miska: „Das Geschäft seines Lebens (I-IX)". In: „Frankfurter Rundschau" 6.–16. Dezember 1958.

56 Deutscher Bundestag, 5. Wahlperiode. Drucksache V/4527. Schriftlicher Bericht des 1. Untersuchungsausschusses zu dem Antrag der FDP auf Einsetzung eines parlamentarischen Untersuchungsausschusses gemäß Artikel 44 des Grundgesetzes. 26. Juni 1969; Detaillierte Zusammenhänge hierüber vor allem bei: Kollmer 2002 S. 250–261.

Zeugen meldeten sich Scharlatane und Geltungssüchtige zu Wort, die es für den Ausschuss immer schwieriger werden ließen, die tatsächlichen Vorgänge herauszufiltern. Hauptzielscheibe in den Geschehnissen dieser Tage war die „Große Koalition" unter Führung des damals amtierenden Bundeskanzlers Kiesinger und seines Finanzministers Franz-Josef Strauß, dem von einigen Journalisten unverhohlen vorgeworfen wurde, sich an der HS 30-Beschaffung bereichert zu haben. Das dies nicht der Wahrheit entspricht, belegen neuere Forschungsergebnisse.[57] Der streitbare Bayer Strauß hat sicherlich nicht die weiße Weste, die ihm einige seiner Getreuen andichten wollen. Aber im Zusammenhang mit der Beschaffung des Schützenpanzer HS 30 kann man ihm höchstens vorwerfen, dass er nicht gleich nach seiner Amtsübernahme das Geschäft storniert hat. Zu diesem Zeitpunkt waren die Probleme, die dieser Beschaffungsvorgang mit sich brachte aber noch nicht abzusehen. Strauß ist es letztlich gewesen, der die betrügerischen Machenschaften der Hispano Suiza soweit wie möglich eingeschränkt hat und die Beschaffung des HS 30 auf ein Minimum reduzierte.

4. Resümee: Konnten trotz der Komplikationen bei der Beschaffung des HS 30 die angestrebten volkswirtschaftlichen Ziele erreicht werden?

Grundsätzlich dient die Beschaffung von Rüstungsgütern jedem Staat zunächst als Mittel zur Selbstbehauptung gegen gewaltsame Einflussnahme von außen, sei es durch Kriegsverhütung mittels Abschreckung oder eigene Kriegführung. Trotzdem haben oft andere Einflussgrößen eine größere Bedeutung. Dies liegt insbesondere daran, dass wirtschaftliche Prosperität und militärisches Potenzial Instrumente wie Ziele des modernen Industriestaates sind. Beide stehen aber in einem intensiven Spannungsverhältnis zueinander: Langfristig ist vor allem wirtschaftliche Leistungsfähigkeit die Voraussetzung für militärische Stärke. Staatsnachfrage hingegen ist ein politisches Lenkungsinstrument. Die Ausgaben für Streitkräfte orientieren sich daher nicht so sehr an einem „rüstungsspezifischen Optimierungsprozess"[58] als vielmehr an Fragen der Außen-, Sicherheits-, Finanz-, Wirtschafts- und Außenhandelspolitik. Gleichwohl sind die sekundären Funktionen der Rüstung legitime Staatszwecke, die aber in nachhaltiger Konkurrenz zu ihren eigentlichen Zielen stehen.[59]

---

57 Kollmer 2002 S. 256-269. Ders., 2004, S. 15–18.

58 Hiermit sind der militärische Zweck, die technischen Realisierungsmöglichkeiten und die finanziellen Vorgaben gemeint. Hierzu siehe: Hans-Günther Bode: Politische, militärische und wirtschaftliche Rahmenbedingungen und ihr Einfluss auf die Rüstung der Bundesrepublik Deutschland, in: Theodor Benecke/Günther Schöner (Hg.): Wehrtechnik für die Verteidigung. Bundeswehr und Industrie – 25 Jahre Partner für den Frieden. München 1980, S. 13–38.

59 Zur Problematik der Einflussfaktoren bei der Beschaffung von militärischem Material und Dienstleistungen für die Bundeswehr siehe grundlegend: Creswell/Kollmer 2013 und Kollmer 2015.

Die Bundesregierung hat Mitte der 1950er Jahre versucht mit dem Erwerb des Schützenpanzers HS 30 verschiedene volkswirtschaftliche Probleme auf einen Schlag zu lösen. Der Import des Fahrzeugs wurde angestrebt, da es aufgrund der Hochkonjunktur noch nicht ausreichende Produktionskapazitäten und ausgebildetes Personal zur Entwicklung bzw. Fertigung für militärisches Großgerät in Westdeutschland gab. Zudem sollte der Panzer nach Möglichkeit in einem der Länder beschafft werden, mit denen die Bundesrepublik in jenen Jahren einen Außenhandelsüberschuss hatte und trotzdem günstig sein, damit der Bundeshaushalt nicht zu sehr belastet werden würde. Gleichzeitig wollte man Lizenzen erwerben, um in Zukunft das Know-how und die Arbeitsplätze in der Panzerproduktion doch im Land zu haben. Ferner sollten der Bundeshaushalt und die gesamtstaatliche Wohlfahrt durch den Aufbau der Bundeswehr nicht zu sehr belastet werden, um den Wirtschaftsaufschwung und das soziale Gleichgewicht der Gesellschaft nicht zu gefährden. Die eigentliche Eignung des militärischen Gerätes spielte dabei eine untergeordnete Rolle.

Die angestrebten, übergeordneten politischen Ziele konnte die Bundesregierung zwar auf diese Weise erreichen, doch wurden dadurch neue Probleme geschaffen. Diese zu lösen dauerte einige Jahre. Die fehlende Zahl Schützenpanzer wurde zunächst durch die Weiterentwicklung des amerikanischen M 59 – den M 113 – ergänzt. Noch im Winter 1958 gab das BMVg bei Hanomag und Henschel eine Studie für einen deutschen Schützenpanzer in Auftrag. Scheibchenweise entwickelten verschiedene bundesdeutsche Firmen einen vollkommen neuen Schützenpanzer – den ab April 1971 in die Panzergrenadierbataillone der Bundeswehr eingeführten Schützenpanzer Marder. Aber das ist eine andere Geschichte.[60]

---

60 Die andere Geschichte wird u.a. erzählt bei: Kollmer 2006 S. 564-567 und Hans-Peter Lohmann/Rolf Hilmes: Schützenpanzer Marder: Die technische Dokumentation des Waffensystems. Stuttgart 2011.

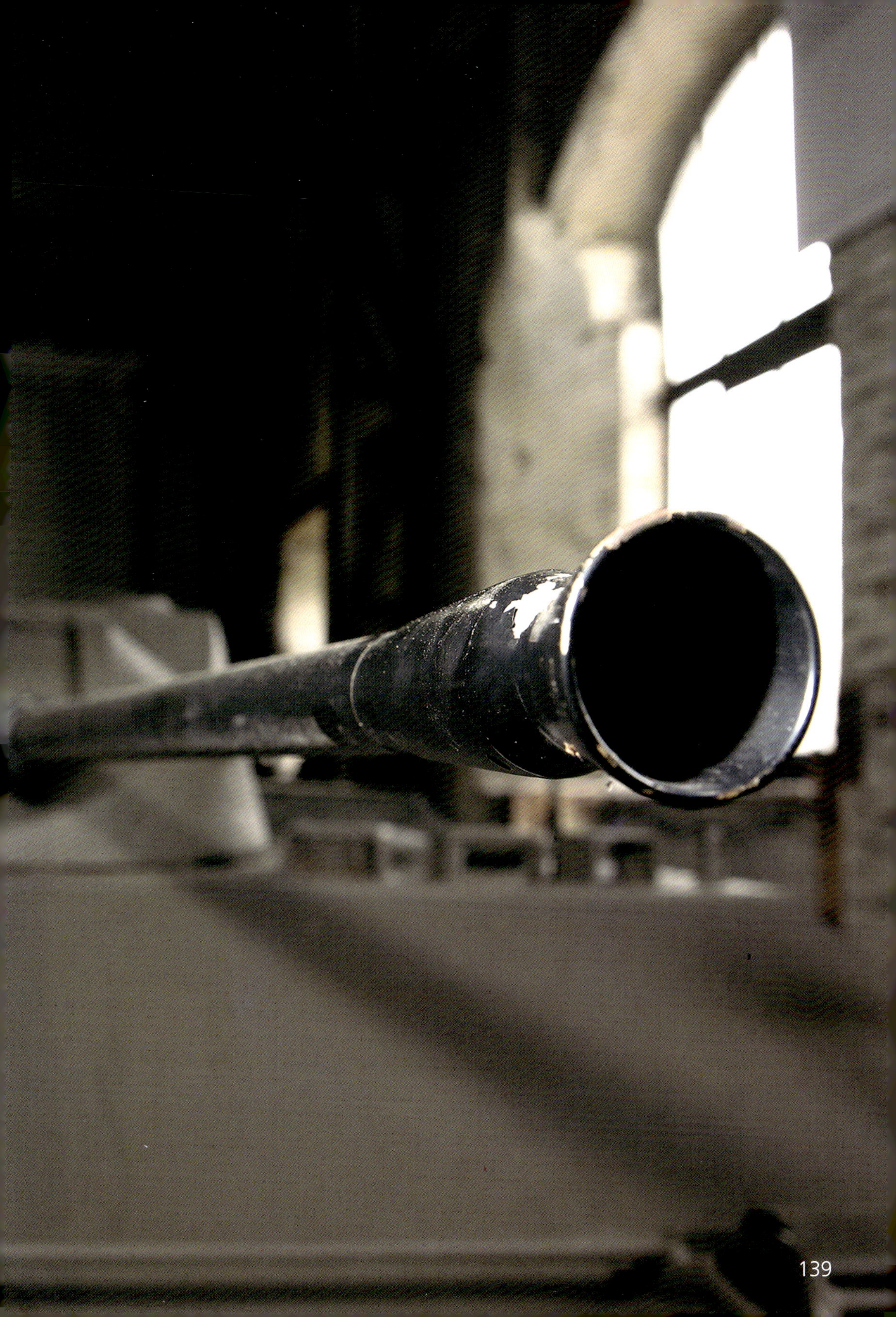

Autorenverzeichnis

Dr. Ralf Blank M.A.,
Jahrgang 1962. Fachdienstleiter Wissenschaft, Museen und Archive im Fachbereich Kultur der Stadt Hagen sowie Leiter des Stadtarchivs Hagen, Wissenschaftlicher Leiter des Stadtmuseums Hagen und des Museums Wasserschloss Werdringen, Lehrbeauftragter an der Ruhr-Universität Bochum.

Frank Köhler,
Jahrgang 1958. Sachbearbeiter bei der Wehrtechnischen Studiensammlung des Bundesamtes für Beschaffung, Informationstechnik und Nutzung in Koblenz. Zuständig für den Bereich Rad- und Kettenfahrzeuge, Pionier- und Artilleriegerät.

Dr. Dieter H. Kollmer,
Jahrgang 1964. Oberstleutnant, Leiter des Bereichs „Geschichte der Bundeswehr" am Zentrum für Militärgeschichte und Sozialwissenschaften der Bundeswehr in Potsdam und Lehrbeauftragter an der Universität Potsdam. Forschungsschwerpunkte sind Wirtschaftsgeschichte, Rüstung, Kalter Krieg und Deutsch-dänische Beziehungen.

Sonja Meßling M.A.,
Jahrgang 1981. Im Rahmen eines wissenschaftlichen Volontariats am LWL-Industriemuseum Kuratorin der Ausstellung „Stahl und Moral. Die Henrichshütte im Krieg 1914–1945", seit 2015 Redakteurin der Zeitschrift „Industriekultur".

Martin Neiß M. A.,
Jahrgang 1978. Studium der Geschichte an der Ruhr-Universität Bochum mit den Schwerpunkten Sozial- und Technikgeschichte. In seiner Masterarbeit befasste er sich mit der Ernährungsrevolution im langen 19. Jahrhundert und der Hungerkatastrophe in Deutschland während des Ersten Weltkriegs.

Prof. Dr. Manfred Rasch,
Jahrgang 1955. Leiter des ThyssenKrupp Konzernarchivs Duisburg, Honorarprofessor der Ruhr-Universität Bochum. Forschungsschwerpunkte sind Wirtschafts-, Technik- und Wissenschaftsgeschichte des 19. und 20. Jahrhunderts, insbesondere des Ruhrgebiets.

Dr. Olaf Schmidt-Rutsch,
Jahrgang 1968. Wissenschaftlicher Referent für Eisen und Stahl im LWL-Industriemuseum. Zahlreiche Ausstellungen und Veröffentlichungen zur Montangeschichte und Industriekultur.

Dirk Zache M.A.,
Jahrgang 1963. Nach Tätigkeit als Direktor des Museums Peenemünde seit 2005 Direktor des LWL-Industriemuseums, Westfälisches Landesmuseum für Industriekultur. Arbeitsschwerpunkte sind Industriedenkmalpflege, Ausstellungsgestaltung und Museumsentwicklung.

Anmerkung zu den Abbildunge

Vorderseite: Beschädigte Werkshalle der Henrichshütte
(Stadtarchiv Hattingen)

Rückseite: Panzerproduktion auf der Henrichshütte
(Tank Museum Bovington, UK)

S. 11: Bei Beschussversuchen nach dem Zweiten Weltkrieg durchschossene Panzerstahlplatte des Schlachtschiffs „Tirpitz".
(Wehrtechnische Studiensammlung des Bundesamtes für Ausrüstung, Informationstechnik und Nutzung der Bundeswehr, Koblenz)

S. 29: Weihnachtspyramide (Werkgruppe Holz des Paul-Gerhardt-Hauses Welper) 38cm-Granate des Schlachtschiffs „Tirpitz".
(Wehrtechnische Studiensammlung des Bundesamtes für Ausrüstung, Informationstechnik und Nutzung der Bundeswehr, Koblenz)

S. 30: Gedenktafel des Blankensteiner Gesangvereins „Philohymnia"
(Stadtmuseum Hattingen)

S. 31: Bergmann, Soldat und Gießer. Skulptur von der Fassade einer Kaserne am Dortmunder Westfalendamm von Georg F. Hartje und Alois Pendl um 1938/39 (LWL-Industriemuseum)

S. 32:	„In Flanders Fields", Gedicht von John McCrae, 1915. Granate aus der Produktion der Henrichshütte (Stadtmuseum Hattingen)
S. 34:	Beschädigte Wanne eines Panzerkampfwagens V „Panther" (Privatbesitz)
S. 35:	Schützenpanzer HS 30 (LWL-Industriemuseum]
S. 38:	Diesen Koffer mit allen wichtigen Dokumenten hielt Familie Schmidt während des Bombenkriegs immer griffbereit. (Stadtarchiv Hattingen)
S. 39:	Im Rahmen eines gemeinsamen Projekts zwischen den „Kulturagenten für kreative Schulen" und dem Industriemuseum malten Schüler der Realschule Stadtmitte, Mülheim an der Ruhr und der Parkschule Essen auf, was sie heute mit in einen Schutzraum nehmen würden. Die Bilder mit nachleuchtender Farbe wurden in die Ausstellung integriert. (LWL-Industriemuseum)